Le savant et le politique

Une nouvelle traduction

DU MÊME AUTEUR, CHEZ LE MÊME ÉDITEUR

Économie et Société dans l'Antiquité, 1998, nouv. éd. 2001.

Max Weber

Le savant et le politique

Une nouvelle traduction

La profession
et la vocation de savant

La profession
et la vocation de politique

*Préface, traduction et notes
de Catherine Colliot-Thélène*

La Découverte / Poche
9 *bis*, rue Abel-Hovelacque
75013 Paris

Si vous désirez être tenu régulièrement informé de nos parutions, il vous suffit de vous abonner gratuitement à notre lettre d'information bimensuelle par courriel, à partir de notre site **www.editionsladecouverte.fr,** où vous retrouverez l'ensemble de notre catalogue.

ISBN 978-2-7071-4047-0

Remerciements

L'initiative de cette traduction revient à Yves Sintomer, qui me l'a suggérée et m'a convaincue de son utilité. Pour résoudre les nombreuses difficultés rencontrées au cours du travail de traduction, j'ai profité de l'aide et des conseils de Petra Overath, Klaus-Peter Sick et Jutta Scherrer. J'ai été également en contact permanent avec Élisabeth Kauffmann, engagée elle-même dans la traduction d'un choix des écrits politiques de Max Weber. Toutes les personnes nommées ont droit à ma reconnaissance. J'assume cependant seule la responsabilité du produit final, c'est-à-dire de la traduction des deux textes ainsi que de l'introduction qui les présente : les éventuelles erreurs résiduelles sont de mon fait.

Je me suis efforcée, autant qu'il était possible, de renvoyer le lecteur à des sources françaises dans les références historiques des notes de bas de page. J'ai été largement aidée cependant pour cela par les annotations de l'édition critique (*MWG*, I/17). Mes remerciements vont donc naturellement aussi aux responsables de cette édition, Wolfgang J. Mommsen et Wolfgang Schluchter, ainsi qu'à leur collaboratrice, Birgitt Morgenbrod.

Note bibliographique

Sont mentionnées ici les éditions des ouvrages de Max Weber, en allemand et en français, auxquelles il est fait référence dans l'introduction de l'ouvrage ou dans les notes qui accompagnent les textes traduits. Ces ouvrages sont cités par la suite sous le sigle mentionné entre crochets.

En français

Essais sur la théorie de la science, trad. par Julien Freund, Plon, Paris, 1965 [*ETS*].

Économie et Société (tome premier), trad. par un collectif sous la direction de Jacques Chavy et Éric de Dampierre, Plon, Paris, 1971 [*E&S*].

Sociologie du droit, trad. par Jacques Grosclaude, PUF, Paris, 1986 [*SD*].

Sociologie des religions, trad. par Jean-Pierre Grossein, Gallimard, Paris, 1996 [*SR*].

Sociologie de la musique, trad. par Jean Molino et Emmanuel Pedler, Métailié, Paris, 1998.

Le Judaïsme antique, trad. par Freddy Raphaël, Pocket, Paris, 1998 [*JA*].

L'Éthique protestante et l'esprit du capitalisme, trad. par Isabelle Kalinowski, Flammarion, Paris, 2000 [*EP*].

Confucianisme et taoïsme, trad. par Catherine Colliot-Thélène et Jean-Pierre Grossein, Gallimard, Paris, 2000 [*C&T*].

Hindouisme et bouddhisme, trad. par Isabelle Kalinowski avec la collaboration de Roland Lardinois, Flammarion, Paris, 2003 [*H&B*].

En allemand

L'édition de référence est désormais la *Max Weber-Gesamtausgabe*, en cours de publication aux éditions J.C.B. Mohr (Paul Siebeck), Tübingen, sous la direction de M. Rainer Lepsius, Wolfgang J. Mommsen, Wolfgang Schluchter et Johannes Winckelmann. Une vingtaine de volumes ont déjà été publiés. Certains des volumes de cette édition sont disponibles sous une forme allégée (sans les notes des éditeurs), dite *Studienausgabe*, en broché. Selon les cas, nous utilisons la version cartonnée (*MWG*) ou la version brochée (*MWS*).

Les grands articles politiques écrits par Max Weber durant la période 1914-1918 sont cités d'après la traduction en cours d'achèvement, sous la direction d'Élisabeth Kauffmann, à paraître chez Albin Michel début 2004. Cette traduction n'étant pas encore publiée, les références vont à l'édition allemande récente la plus accessible (*MWS* I/15).

Wissenschaft als Beruf (1917-1919). Politik als Beruf (1919-1922), 1992 [*MWG*, I/17].

Zur Politik im Weltkrieg. Schriften im Weltkrieg. Schriften und Reden, 1914-1918. Studienausgabe, 1988 [*MWS* I/15].

Zur Neuordnung Deutschlands. Schriften und Reden, 1918-1920. Studienausgabe, 1991 [*MWS* I/16].

Wirtschaft und Gesellschaft. Die Wirtschaft und die gesellschaftlichen Ordnungen und Mächte. Nachlass. Teilband 5 : Die Stadt, 1999 [*MWG* I/22.5].

Zur russischen Revolution, 1989 [*MGW* I/10]

Je fais à l'occasion référence à des éditions plus anciennes :

Wirtschaft und Gesellschaft, 2 vol., Mohr/Siebeck, Tübingen, 1976 [*W&G*].

Gesammelte Aufsätze zur Wissenschaftslehre, Mohr/Siebeck, UTB, Tübingen, 1988 [*WL*].

Préface

I

Nous présentons ici deux textes célèbres, qui ont fait l'objet d'une première traduction française en 1959, par les soins de Julien Freund, avec une introduction de Raymond Aron, et dont l'ensemble est connu sous le titre : *Le Savant et le politique*. Fallait-il les retraduire ? On ne justifiera pas la traduction nouvelle par les défauts de la traduction d'hier. Au cours de notre propre travail, nous avons bien relevé quelques faux sens ou contre-sens, mais rares sont les traductions qui en sont complètement dépourvues, et si les traductions plus tardives sont moins fautives (du moins nous l'espérons, dans le cas de la présente), c'est parfois aussi parce qu'elles profitent des traductions antérieures. Plus décisif, pour justifier cette nouvelle traduction, est le constat que la connaissance de l'œuvre de Max Weber est aujourd'hui nettement plus précise que ce n'était le cas en 1959. En Allemagne d'abord, où la *Max Weber Gesamtausgabe*[1] offre un tableau enfin exact de l'ordre de composition de cette œuvre et permet ainsi une meilleure compréhension des conditions de rédaction des différents écrits qui la composent. Mais en France aussi, où les interprétations et les traductions se sont accumulées durant ces trente dernières années, de telle sorte, notamment, que la charge conceptuelle d'un certain nombre de termes

1. *Cf. supra*, p. 8, bibliographie des œuvres de Max Weber citées.

clés, naguère traduits d'une façon qui nous semble aujourd'hui approximative, est mieux appréciée. Sans faire, répétons-le, de procès à nos prédécesseurs, il faut reconnaître que l'on ne peut ni ne doit plus aujourd'hui traduire sans la plus grande prudence des termes comme *Lebensführung, Veralltäglichung, Sachlichkeit ou Gesinnung*[1]. *Mutatis mutandis*, ce que dit Weber de la science en général, dans *Le Métier et la vocation de la science*, vaut également pour les traducteurs : nos travaux sont destinés à vieillir, « être dépassé d'un point de vue scientifique n'est pas seulement notre destin à tous, mais aussi notre but à tous[2] ». Des normes nouvelles s'imposent peu à peu, en matière de traduction comme de rigueur scientifique. On attend aujourd'hui plus de précision conceptuelle qu'il y a trente ans, on exige en général aussi des textes plus respectueux des nuances de l'original, et ceci peut-être au détriment de l'élégance. Au chapitre de l'élégance, la traduction de Freund est probablement supérieure à celle que nous proposons ici au lecteur. Nous avons certes tenté d'éviter les lourdeurs excessives, mais notre objectif premier fut de mettre entre les mains du lecteur français un texte qui rende très exactement compte de la manière wébérienne, c'est-à-dire de son style aussi bien que de sa pensée, à la fois nette et extrêmement nuancée, soucieuse de laisser entendre toutes les réserves dont doit s'accompagner chaque affirmation un peu carrée ou un peu péremptoire. Éviter les lourdeurs tout en restant fidèle au texte wébérien ? Ceux qui pratiquent Weber en allemand savent combien la gageure est grande. Avouons donc sans honte que nous sommes loin d'y être toujours parvenu, et que, lorsqu'il fallait choisir entre la légèreté et l'exactitude, nous avons toujours opté pour la seconde.

Retraduire ces deux conférences, et les retraduire ensemble, comme l'avaient fait Freund et Aron ? On sait aujourd'hui que

---

1. On consultera notamment, sur certains de ces termes et quelques autres, le « Glossaire raisonné » dont Jean-Pierre Grossein a accompagné sa traduction du recueil *Sociologie des religions*, *SR*, p. 119-125.
2. *Cf. infra*, p. 82.

ces deux conférences ont été prononcées à plus d'un an de distance, la première (*Wissenschaft als Beruf*) le 7 novembre 1917, la seconde (*Politik als Beruf*) le 28 janvier 1919. Elles furent publiées pour la première fois en allemand sous forme de deux fascicules séparés, puis par Marianne Weber et Johannes Winckelmann dans deux recueils distincts, *Wissenschaft als Beruf* dans le recueil des écrits de méthodologie scientifique[1], *Politik als Beruf* dans le recueil rassemblant les écrits politiques de Weber[2]. De nombreux arguments plaident cependant pour une publication commune, et c'est à cette solution que s'est arrêtée l'édition critique en cours[3]. L'occasion de ces deux conférences, tout d'abord, fut la même (voir nos notes éditoriales), et le public auquel elles s'adressaient était également le même. Et cette unité des circonstances et du destinataire se traduit en outre dans le corps même des textes : ces deux conférences tranchent sur l'ensemble de l'œuvre wébérienne par le ton, osons dire le pathos, délibérément adopté pour évoquer deux aspects de la condition de l'homme moderne dont Weber pense qu'ils contribuent, chacun à leur manière, à donner à notre présent comme à notre avenir le caractère d'un destin. En d'autres termes, malgré tous les recouvrements thématiques que l'on peut sans difficulté repérer entre ces conférences d'un côté, et les écrits politiques et théoriques de Weber durant cette période de l'autre, les premières se distinguent cependant au sein du corpus de l'œuvre wébérienne en ce qu'elles ont pour objet principal un diagnostic concernant la culture occidentale, et une méditation sur le sens de l'existence dans une culture ainsi façonnée. Ces textes peuvent donc être considérés comme des textes « philosophiques », selon la suggestion de Wolfgang

1. *Gesammelte Aufsätze zur Wissenschaftslehre*, J.C.B. Mohr (Paul Siebeck), Tübingen, 1922. Les *Essais sur la théorie de la science* (Plon, Paris, 1965) sont une traduction partielle de ce recueil.
2. *Gesammelte Politische Schriften*, J.C.B. Mohr (Paul Siebeck), Tübingen, 1921.
3. *MWG*, I/17.

Schluchter[1]. Ce n'est aucunement un hasard si certains des thèmes abordés ici : la spécialisation nécessaire, la structure entrepreneuriale (*Betrieb*) de la recherche, la vacance du sens, etc., se rencontrent également dans des œuvres proprement philosophiques, de la même époque ou plus tardives, celles de Heidegger[2] et d'autres moins connus. Et la fréquence, dans l'un et l'autre texte, des références littéraires, philosophiques et religieuses[3] témoigne encore de leur communauté d'inspiration.

La posture prophétique

Pour le lecteur français d'aujourd'hui, la tonalité religieuse de ces textes est un de leurs aspects les plus déconcertants. Sans doute Weber laisse-t-il clairement entendre – comme il l'a dit plus expressément ailleurs[4] – qu'il n'appartient pas à la catégorie des hommes dotés d'un sens pour la religion (*religiös musikalisch*). Mais la terminologie dans laquelle il évoque aussi bien la vocation de savant que celle de politique trahit une culture et une sensibilité religieuses dont on n'a plus l'idée aujourd'hui : quel sociologue, quel politologue contemporain oserait nous entretenir de la dédication (*Hingabe*) à la cause (*Sache*) ou de la question de la théodicée, lequel se risquerait à parsemer ses ana-

---

1. Wolfgang SCHLUCHTER, *MWG*, I/17, *Einleitung*, p. 1.
2. Sur l'organisation de la science en forme d'entreprise industrielle (*Betrieb*), *cf.* notamment HEIDEGGER, « L'époque des "conceptions du monde" », *in Chemins qui ne mènent nulle part*, Gallimard, Paris, 1962, p. 99-146.
3. Le *Zarathoustra* de Nietzsche est cité dans les deux textes, de même que le *Faust II* de Goethe ; Tolstoï est invoqué dans *Wissenschaft als Beruf*, Dostoïevski dans *Politik als Beruf*, etc. Les références à la Bible, Ancien et Nouveau Testament, sont à peine moins nombreuses dans le second texte que dans le premier.
4. *Cf.* la lettre datée du 19 février 1909, citée par Marianne WEBER, *Max Weber. Ein Lebensbild*, Piper, Tübingen, 1989, p. 339 : « Je suis certes absolument dépourvu de sens pour la religion [*religiös unmusikalisch*] et je n'ai ni le besoin ni la capacité d'édifier en moi de quelconques monuments spirituels ayant un caractère religieux. Mais, à y bien réfléchir, je ne suis ni antireligieux ni irreligieux. »

lyses de citations du Livre des Prophètes ou des Évangiles, quand il s'agit de décrire les motivations de l'homme politique ou du chercheur ? Il est vrai que cette dimension religieuse du propos est inscrite et annoncée dans l'intitulé de l'un et l'autre texte, dans ce terme « *Beruf* » que le traducteur doit bien se résigner à traduire par deux mots différents. Les lecteurs et commentateurs de *L'Éthique protestante et l'esprit du capitalisme* (de loin le texte le plus célèbre de Weber) savent qu'un chapitre de cet ouvrage, accompagné de plusieurs notes philologiques substantielles, est consacré à l'introduction de ce terme dans la sémantique de l'allemand, par le biais de la traduction que Luther fit de la Bible[1]. En traduisant par *Beruf* (terme apparenté à *Ruf*, l'appel, d'où le sens que nous rendons par le français « vocation ») des termes jusqu'alors rendus par *Arbeit* (travail) ou *Werk* (ouvrage, œuvre), Luther conférait aux activités de la vie quotidienne le caractère d'un devoir religieux. On ne s'attardera pas ici sur la thèse, bien connue, concernant les affinités entre le protestantisme et l'« esprit du capitalisme », que Weber développe à partir de ce point de départ. Car les deux conférences que nous présentons ici ne mentionnent que très rarement le protestantisme. Weber joue, certes, de l'équivocité du terme « *Beruf* », à la fois « profession » et « vocation », mais l'interprétation de la vocation est ici manifestement tributaire de sources religieuses différentes. La lecture de l'Ancien Testament, à laquelle il s'était livré pour rédiger la partie de *L'Éthique économique des religions mondiales* consacrée au « Judaïsme antique[2] », tire la vocation du côté du prophétisme.

---

1. *L'Éthique protestante et l'esprit du capitalisme*, livre I, chap. 3 : « La conception luthérienne du métier (*Beruf*) », (*EP*, p. 127-152). On consultera plus volontiers la traduction du même ouvrage par Jean-Pierre Gossein, à paraître aux éditions Gallimard à l'automne 2003.

2. *L'Éthique économique des religions mondiales* coiffe trois études distinctes : « Confucianisme et taoïsme », « Hindouisme et bouddhisme » et le « Judaïsme antique », à quoi s'ajoutent une introduction générale et une « Considération intermédiaire » qui sert d'articulation entre la première et la seconde partie.

Ce ne sont pas les activités modestes du quotidien, sublimées par l'éthique protestante, que Weber thématise ici sous le terme de *Beruf*/vocation, mais bien plutôt la mission dont se sent investi le savant ou l'homme politique conscient de se consacrer à une « cause ».

À l'automne 1916, Weber s'était en effet plongé dans la lecture de l'Ancien Testament. Marianne Weber, sa femme, confie à un correspondant dans une lettre de cette époque : « Max […] étudie l'Ancien Testament, il analyse les Prophètes, les Psaumes et le Livre de Job, et il me lit le soir parfois un peu de ce qu'il vient d'écrire[1]. » Elle remarque en outre que, lorsque Weber, quelques années plus tôt, s'était une première fois intéressé aux prophètes de l'ancien Israël, il ne les décrivait pas dans les termes où il le fait à présent. Son interprétation du type prophétique porte désormais la trace de l'expérience politique que l'Allemagne vient de traverser, et dont elle n'est pas encore sortie. « C'est seulement l'expérience de la guerre et de l'activité politique qui, manifestement, l'a rendu sensible à ces aspects. Il était particulièrement touché par la figure du prophète de malheur Jérémie, dont l'analyse, de même que celle des puritains, laisse transparaître un fort engagement intime. Lorsqu'il lisait le soir à sa compagne des éléments de ces analyses, elle y voyait à bien des égards le propre destin de son époux[2]. » La lecture de la seconde partie du *Judaïsme antique*, dont les premières pages notamment sont consacrées à la prophétie préexilique, corrobore le sentiment de Marianne Weber. Les caractéristiques que Weber attribue aux prophètes se laissent en effet transposer sans forcer sur la situation qui était la sienne à l'époque, et sur le rôle qu'il voulait jouer à travers ses différentes interventions politiques (articles de journaux et conférences). Avec les prophètes de l'époque préexilique, écrit-il, « le démagogue apparaît pour la première fois dans les annales de l'histoire[3] ». Le terme « démagogue », s'empresse-t-il

1. Marianne WEBER, *Max Weber. Ein Lebensbild*, *op. cit.*, p. 604.
2. *Ibid.*, p. 605.
3. *JA*, p. 342.

d'ajouter, n'a rien ici de péjoratif. Il signifie simplement que la parole des prophètes s'adressait avant tout au public, et non aux rois ou aux dignitaires religieux. Et l'émergence de cette forme de parole était liée à des circonstances précises : une situation politique dominée par les intérêts de la politique extérieure, une situation dans laquelle la patrie au nom de laquelle s'exprimaient les prophètes était menacée par les grandes puissances, jusque dans son existence même. « Il s'agit de l'existence ou de la non-existence de l'État national face à l'opposition de la puissance mondiale assyrienne d'un côté, de la puissance égyptienne de l'autre[1]. » Le prophète lui-même est un homme privé, il n'est pas un homme politique, au sens étroit du terme, c'est-à-dire un homme de parti, et pourtant ses interventions ne sont pas indifférentes aux pouvoirs politiques officiels : « On voit […] que les prophètes étaient objectivement, par leur manière d'agir, des démagogues et des publicistes politiques, plus précisément, qu'ils agissaient avant tout au niveau de la politique mondiale, mais, subjectivement, ils n'étaient pas inféodés à un parti politique[2]. » Les prophètes n'étaient pas non plus les promoteurs d'idéaux démocratiques, de façon générale leur intérêt n'allait pas prioritairement à des questions de politique intérieure. Ils étaient en outre convaincus que le peuple a besoin d'un maître, et l'avenir de l'État dépendait à leurs yeux des qualités qui étaient celles de ces maîtres. Les prophètes, enfin, ne poursuivaient pas des intérêts personnels, mais ils étaient tout entiers au service de leur cause, en l'occurrence la cause de Yahvé, le dieu jaloux.

Le parallélisme entre la situation du royaume d'Israël, menacé de disparaître sous l'effet des ambitions conjuguées de deux grandes puissances voisines (l'Assyrie et l'Égypte), et la situation qui était celle de l'Allemagne en ces derniers mois de la Première Guerre mondiale, a à peine besoin d'être souligné. Mais les autres éléments que Weber retient comme caractéristiques du type du

---

1. *Ibid.*, p. 346, trad. modifiée.
2. *Ibid.*, p. 348, trad. modifiée.

prophète font également écho à certains traits de sa personnalité et de son action, traits que lui-même s'est appliqué à souligner. Les questions de politique intérieure, auxquelles il a consacré une attention détaillée (ainsi sur les aménagements constitutionnels), étaient pour lui subordonnées au souci de la position de l'État allemand dans le rapport entre les grandes puissances. En ce sens, et à l'instar des prophètes juifs, il n'était pas un « homme de parti ». « Ce n'est pas en homme de parti que je veux parler », annonçait-il au début d'une conférence prononcée en 1916, et il s'en expliquait de la sorte : « J'ai toujours considéré la politique uniquement d'un point de vue national, non seulement la politique extérieure, mais toute politique en général[1]. » Weber a formulé sans détour et à plusieurs reprises cet ordre de priorité, dès sa leçon inaugurale de Fribourg en 1895, dans laquelle il plaidait pour une économie politique, au sens strict du terme, ce qui signifiait pour lui ordonnée à l'« égoïsme national[2] », jusqu'aux textes des années 1917-1918 : dans « La situation intérieure et la politique extérieure » (février 1918), où il réservait la dénomination d'« homme politique national » à celui « qui considère la politique intérieure sous le point de vue de l'adaptation inévitable aux tâches de la politique extérieure[3] », ou encore dans la remarque préalable sur laquelle s'ouvre le plus important de ses écrits politiques, « Parlement et gouvernement dans l'Allemagne réorganisée[4] ». Autre point de

1. MWG I/15, p. 63.
2. MWG I/14.2, p. 560.
3. *MWS* I/15, p. 192.
4. *Cf. ibid.*, p. 202 : « Celui qui ne place pas en principe les tâches historiques de la nation allemande au-dessus de toutes les questions touchant à la forme de son État, et celui qui a une conception en principe différente de ces tâches ne sera pas atteint par les arguments avancés. » Et dans le même sens, quelques paragraphes plus loin (p. 204), après avoir évoqué la pluralité (limitée) des formes possibles de production de la volonté de l'État : « Pour un homme politique objectif (*sachlich*), la question objective (*sachlich*), à laquelle il convient de répondre en fonction des tâches politiques de la nation, est la suivante : laquelle de ces formes est alors adaptée aux finalités de son État ? [...] Car il va de soi qu'au-dessus de la démocratie et du parlementarisme aussi, il y a les intérêts vitaux de la nation. »

convergence encore avec les prophètes, tels qu'il les concevait : les prémisses théoriques des idéaux démocratiques lui ont toujours paru suspectes, et il n'a pas fait mystère de son intérêt pour les qualités des chefs, au point de justifier son option pour le parlementarisme (soigneusement aménagé) par sa capacité à permettre l'émergence d'authentiques chefs politiques. Enfin, et ceci n'est pas le moins important pour les textes qui suivent, la dédication à une « cause », au-delà de tout intérêt personnel ou catégoriel, est pour lui le signe distinctif de l'homme politique au sens éminent du terme.

L'éloge de la passion

On dira sans doute, et à juste titre, que la « cause » que sert Weber n'a rien de religieux, de sorte que l'analogie entre son rapport à la politique et le type du prophète semble trouver ici sa limite. En ce qui concerne les prophètes, Weber note qu'ils « se tiennent complètement sur le terrain de la tradition sacerdotale », et que « leur attitude politique est […] conditionnée de part en part par des facteurs religieux et non par la politique réaliste [*realpolitisch*][1] ». Mais l'opposition que dresse ici Weber entre une politique d'inspiration religieuse et une politique « réaliste » se retrouve, *mutatis mutandis*, dans les pages de *Politik als Beruf* consacrées à la cause de l'homme politique authentique. La cause de l'homme politique moderne n'est plus, sans doute, celle de Yahvé, mais, de l'engagement religieux de jadis, elle a gardé – ou devrait le faire – toute une dimension passionnelle en vertu de laquelle le politique authentique ne peut être un *Realpolitiker*. Weber a dit ailleurs[2] son

1. *JA*, p. 355, trad. modifiée. Également, un peu plus loin, p. 356 (trad. modifiée) : « On le voit : tout, aussi bien dans leur attitude en matière de politique extérieure qu'en matière de politique intérieure, était motivé par des facteurs purement religieux, et non par la politique réaliste. »

2. *Cf.* « Essai sur le sens de la "neutralité axiologique" dans les sciences sociologiques et économiques », *in ETS*, p. 436-437 et p. 439-440. *Cf. infra*, p. 51, note 1.

mépris de l'attitude communément qualifiée à l'époque de *Realpolitik* : la soumission au succès, au prix du sacrifice des idéaux, ou, ce qui revient au même, l'opportunisme totalement dénué de principe. La manière dont il stigmatise, dans *Politik als Beruf*, le « politicien épris de puissance » (*Machtpolitiker*) fait écho à cette critique[1]. À l'instar de Hegel, Weber est convaincu que « rien de grand ne s'est fait sans passion », et la passion consiste précisément pour lui à se donner entièrement et inconditionnellement à une cause. Cet éloge de la passion – passion pour la science, passion pour la cause politique – est solidaire d'un sentiment aigu du tragique de l'existence, un sentiment qui se modalise de manières différentes selon qu'il s'agit de la vie de savant ou de celle d'homme politique. Pour le premier, ce sont l'inévitable spécialisation et l'infinité du progrès des connaissances qui menacent le sens même de son activité. La méditation de Tolstoï sur le rapport que l'homme cultivé entretient avec la mort n'est pas ici invoquée sans raison : l'inachèvement essentiel des savoirs modernes, ouverts à des rectifications, approfondissements, enrichissements sans fin, est ce qui ôte tout sens à la mort pour l'individu qui consacre sa vie à la science[2]. Pour le second, c'est l'incertitude des effets de l'action, en même temps que l'absence de points de repère indiscutables permettant de justifier le bien-fondé de celle-ci, qui confèrent à son engagement une tonalité irréductiblement tragique. Le « paradoxe des conséquences » – aujourd'hui, sous ce nom ou un autre, figure rhétorique obligée des réflexions sur la logique de l'action – est interprété par Weber

---

1. *Cf. infra*, p. 185.
2. Notons pourtant que Tolstoï, tant dans *Trois morts* que dans *La Mort d'Ivan Illitch* (édition par François Flamant, Gallimard, Paris, 1997), oppose certes le rapport à la mort qui est celui des bourgeois (refus, sentiment de l'absurde) à celui, d'acceptation tranquille, qui est celui des hommes simples, les paysans, mais ni la femme de *Trois morts* ni Ivan Illitch ne sont des scientifiques, en sorte que le lien établi dans la conférence sur la science entre le progrès scientifique (structurellement infini) et le sentiment de l'absurdité de la mort paraît être le bien propre de Weber.

dans un registre délibérément dramatique. Il est ce qui donne à l'action le caractère d'un destin[1]. Et l'authenticité de la vocation de politique se mesure à la capacité d'affronter cette dimension « destinale » de l'existence humaine : on reconnaîtra le médiocre à ce qu'il n'a pas « la moindre affinité avec le savoir du tragique en lequel toute action est engagée, et avant tout l'action politique[2] ».

Le tragique de l'existence d'un côté, la dimension quasi religieuse, ou au moins passionnelle, du rapport à la « cause », cause savante ou politique, de l'autre, sont si intimement solidaires qu'il est vain de se demander lequel commande l'autre. On peut dire – suivant la suggestion de Marianne Weber à propos de sa nouvelle approche des prophètes – que c'est l'expérience de la guerre et de l'activité politique de Weber lui-même durant les années de guerre qui ont nourri son sens du tragique. Mais la relation de Weber à la science a depuis toujours eu le caractère d'un engagement passionnel, c'est-à-dire de ce qu'il thématise ici, sur un mode normatif, en décrivant le don de soi (*Hingabe*) à la cause, et il fallait cette haute idée de la « vocation » (qu'elle fût celle du savant ou celle du politique) pour mener dans les termes où il le fait le procès de la politique ordinaire. Malgré les tentatives de Weber pour jouer un rôle politique dans les années 1917-1918, on peut reconnaître avec Wolfgang Schluchter que, par tempérament, il n'était pas un homme politique professionnel (*Berufspolitiker*) : « Ce qui fut sa contribution décisive à la politique allemande est moins son activité plutôt sporadique dans la politique quotidienne, pas même ses écrits politiques qui, pour une partie d'entre eux, ont exercé une influence tout à fait considérable, mais bien plutôt sa *pensée* politique avec laquelle il voulait tout d'abord *rendre possible* une action politique qui mérite ce nom[3]. » Et l'on comprend

1. *Cf. C&T*, p. 324 : « […] le problème du rapport paradoxal entre la volonté et les effets qu'elle produit : le problème de l'homme et du destin (le destin comme *conséquence* de son action par rapport à ses *intentions*). »
2. *Cf. infra*, p. 185.
3. Wolfgang SCHLUCHTER, *MWG*, I/17, *Einleitung*, p. 19.

que Raymond Aron, bon connaisseur de Weber mais peu sensible au tragique, ait soupçonné celui-ci de demander trop aux hommes politiques des démocraties modernes[1]. Les circonstances dramatiques de la guerre et de l'effondrement de l'Allemagne ont donné à Weber l'occasion de traduire en termes politiques le tempérament passionnel et douloureux qui était le sien. Aron fut au contraire un théoricien des « périodes tranquilles », celles où les chefs des démocraties peuvent se contenter d'être « d'honorables administrateurs, quelquefois de bons organisateurs, plus souvent des conciliateurs[2] », en bref des périodes où la posture héroïque que Weber décrit dans nos deux textes sous le nom de *Beruf*/vocation semble déplacée, et risque même d'apparaître comme du don quichottisme. Tocqueville avait déjà remarqué qu'il est des rythmes différents de fonctionnement de la politique, et que le profil des partis, ainsi que le type des hommes politiques, varie selon les périodes. Il est des époques où s'épanouissent les grands partis politiques, ceux qui « s'attachent aux principes plutôt qu'à leurs conséquences ; aux généralités plutôt qu'aux cas particuliers ; aux idées et non aux hommes », d'autres époques au contraire où règnent les petits partis, « sans foi politique », dont le caractère « est empreint d'un égoïsme qui se produit ostensiblement à chacun de leurs actes », et dont « les moyens qu'ils emploient sont misérables comme le but qu'ils se proposent ». « De là vient, ajoutait-il, que, quand un temps de calme succède à une révolution violente, les grands hommes semblent disparaître tout à coup et les âmes se refermer sur elles-mêmes[3]. » Max Weber a vécu une époque dont il pensait que,

1. Max WEBER, *Le Savant et le politique*, 10/18, Paris, 1959, introduction de Raymond Aron, p. 29.
2. *Ibid.*, p. 30.
3. TOCQUEVILLE, *De la démocratie en Amérique*, Gallimard, Paris, 1961, vol. 1, p. 179.

à défaut de produire de grands hommes (il a déploré leur absence), elle paraissait au moins les requérir[1].

De quelques choix de traduction

En attirant l'attention, dès le début de cette préface, sur le parallèle que Weber établit implicitement entre le prophète judaïque et l'homme politique authentique, nous avons voulu tout d'abord souligner la tonalité quasi religieuse de ces deux conférences, du moins dans certains passages. Le paradigme du don de soi religieux est manifeste dans la terminologie que Weber utilise pour décrire la « vocation » (de politique, mais aussi de savant) : le don de soi (*Hingabe*), la foi (*Glauben*), le dévouement à la cause (*Sache*). Le traducteur doit rendre compte de cette sémantique si peu habituelle dans les textes de sociologie (qu'il s'agisse de sociologie de la science ou de la politique). Nous nous y sommes essayé, en évitant cependant de forcer le texte, ce qui eût probablement été le cas si nous avions systématisé nos traductions. En ce qui concerne, par exemple, les termes *Hingabe* et *sich hingeben*, il était difficile de s'en tenir à une traduction homogène : ces termes n'ont pas seulement des usages religieux, et c'eût été surtraduire que de présumer une telle résonance en chacune de leurs occurrences. Le cas de la série *Sache*, *sachlich*, *Sachlichkeit* était le plus épineux. On trouve tout d'abord dans ces deux conférences des emplois

---

1. Aussi souhaitait-il l'instauration de conditions institutionnelles permettant l'émergence politique d'individus dotés de tempérament de chef, en particulier à travers la parlementarisation, sans entretenir d'illusion cependant sur les effets à court terme des modifications constitutionnelles pour lesquelles il plaidait. *Cf.* en particulier « Parlement et gouvernement dans l'Allemagne réorganisée », *in MWS* I/15, p. 301 : « Bien entendu, il est impensable qu'une quelconque modification constitutionnelle, liant par exemple la nomination et le renvoi du chancelier à un vote du parlement, fasse soudain sortir de terre des “chefs”, dont l'élimination du parlement des années durant a été déterminée par l'impuissance de celui-ci. Mais du moins, on peut créer les indispensables conditions préalables en termes d'organisation [...]. »

banals, où *sachlich* signifie ni plus ni moins que « matériel ». On retrouve également, à l'occasion, des allusions à la thématique de la *Versachlichung* (réification), très présente, par exemple, dans la « Considération intermédiaire[1] ». Quelques pages de *Politik als Beruf* nous ont paru cependant imposer d'autres interprétations encore. Lorsque Weber remarque que les luttes de partis ont pour enjeu aujourd'hui, et de plus en plus, le partage des postes plutôt que des divergences sur le « *sachlichen Programm* », il est clair que c'est au contenu doctrinal de ces programmes qu'il fait référence[2]. Mais en outre – et c'est sans doute là l'occurrence la plus problématique[3] – quand il nomme les trois qualités essentielles, à ses yeux, de l'homme politique authentique : la passion, le sentiment de responsabilité et le coup d'œil, il identifie la première (la passion) à la *Sachlichkeit*. La glose qui vient immédiatement ensuite (« se dévouer passionnément à une “cause” [*Sache*] ») ne laisse aucun doute sur le sens où il entend ici la *Sachlichkeit*. La référence à la matérialité ou à l'objectivité serait ici totalement non pertinente. Ainsi en va-t-il dans les quelques pages qui suivent, où nous nous sommes appliqué, malgré la lourdeur du résultat, à conserver la référence à la « cause » dans les diverses occurrences de *sachlich/unsachlich, Sachlichkeit/Unsachlichkeit*.

Au chapitre de nos choix de traduction, il nous faut revenir sur celui que nous avons retenu concernant le terme décisif de *Beruf*, selon les cas : profession ou vocation, parfois profession-vocation[4]. Il est clair que le propos de Weber, dans l'une et l'autre conférence, est largement construit sur l'équivocité du terme. Mais, à quelques exceptions près, Weber traite séparément les deux acceptions. Ainsi, dans la conférence sur le politique, dans laquelle une réflexion sur les concepts de politique et

---

1. « Considération intermédiaire », *in SR*, p. 410-460.
2. *Cf. infra*, p. 135 et 136.
3. *Cf. infra*, p. 182 *et sq*.
4. *Cf.* Jean-Pierre GROSSEIN, « Glossaire raisonné » (*SR*, p. 123) qui s'arrête au même choix.

d'État nous conduit à l'évocation du type du chef, tout d'abord, c'est-à-dire de celui qui a la vocation de la politique, conçu avant tout sous les traits du prophète ou du grand démagogue des temps modernes. Weber parle alors des « hommes politiques par vocation [*Politiker kraft Berufes*], au sens le plus propre du terme[1] ». C'est dans un second moment qu'est abordé le cas des « hommes politiques professionnels [*Berufspolitikern*], entendus en un second sens[2] », et la présentation de ce second sens nous vaut un long excursus socio-historique. Le terme « vocation » s'impose à l'évidence dans la première occurrence, tandis que le second sens est explicitement celui de la « profession », au sens le plus banal du terme (le métier). Cette double acception converge dans l'opposition entre l'éthique du fonctionnaire et l'éthique du véritable politique, opposition qui fait l'objet des dernières pages de la conférence : le fonctionnaire de l'État moderne est certes une figure de la professionnalisation politique, mais, précisément parce que son statut le cantonne à l'obéissance, il ne peut accéder au type de responsabilité qui est l'apanage de l'homme politique authentique, celui à propos duquel il est légitime de parler de vocation. Il arrive cependant à Weber, une fois, de jouer de l'ambiguïté du terme, lorsqu'il qualifie les hommes politiques allemands de son époque de « *Berufspolitiker ohne Beruf* », hommes politiques professionnels sans vocation : formule dont l'ironie ne peut malheureusement être rendue en français[3]. Plus schématique (la différence de taille des deux conférences est évidente), la conférence sur le savant distingue cependant de la même manière les deux sens du terme *Beruf* : Weber annonce tout d'abord son intention de sacrifier à la « manière » des économistes (on dirait

1. *Cf. infra*, p. 122.
2. *Cf. infra*, p. 128.
3. Ironie qui disparaît dans la traduction de l'expression (politiciens professionnels sans profession) que l'on trouve dans la version française de Wolfgang MOMMSEN, *Max Weber et la politique allemande, 1890-1920*, PUF, Paris, 1985, *passim*.

plus volontiers aujourd'hui : des sociologues), qui consiste à parler des conditions externes des pratiques sociales, donc du métier de savant. Ce qui nous vaut ces pages, toujours étonnamment actuelles, sur l'opposition entre les systèmes de formation des enseignants et chercheurs aux États-Unis d'un côté, en Allemagne de l'autre. Une seconde partie, la plus importante, est consacrée à la vocation pour la science à proprement parler[1]. C'est à ce moment que le texte prend une tournure éthique et quasi religieuse : l'on quitte le registre de l'analyse sociologique pour celui de l'admonestation morale.

II

Il est impossible, dans cette introduction, de tirer tous les fils dont se trament ces deux conférences. La mort de Max Weber, survenue avant l'heure[2], leur a conféré en quelque sorte le caractère d'un testament. Elles appartiennent, certes, à une conjoncture précisément datée, celle, particulièrement douloureuse pour un Allemand nationaliste, des derniers mois et des lendemains d'une guerre perdue. On trouvera dans ces textes nombre d'allusions à des événements contemporains (la Révolution russe, les combats de rues à Berlin, le débat sur la responsabilité allemande dans le cadre de la préparation du traité de Versailles). Nous avons essayé de les éclairer dans les notes en bas de page. Mais si ces deux textes, « de circonstance » du point de vue des conditions dans lesquelles ils ont été suscités, ont acquis le statut de « classiques » de la sociologie, des sciences politiques, voire de la philosophie, c'est qu'ils condensent une culture (historique, scientifique, humaniste, tout à la fois), ainsi qu'une quarantaine d'années d'attention aiguë à la politique, à travers l'expérience d'un homme d'une envergure exceptionnelle. Il n'y a rien d'étonnant à ce que le produit d'une telle culture et d'une telle expérience continue à exercer une fascination sur les générations ultérieures.

---

1. *Cf. infra*, p. 75 *et sq.*
2. Weber est mort le 14 juin 1920 des suites d'une pneumonie.

Ces textes sont datés, et cependant, ils nous parlent encore. Ce qu'il importe sans doute avant tout de comprendre est ce par quoi, précisément, ils nous concernent toujours.

Dans son ensemble, l'œuvre de Weber est ce qui demeure, pour la seconde partie du XXe siècle et – semble-t-il – pour la première décennie du XXIe siècle également, d'une immense période de production scientifique, dans des disciplines aussi diverses que l'histoire, ancienne et moderne, la théorie de l'État, la politique, la théorie juridique, la psychologie, et quelques autres sciences « humaines » encore[1]. Il ne s'agit pas seulement de dire que Weber, comme tout auteur, appartient à un collectif savant, à une époque et à un milieu culturel (entre autres défini par sa langue) déterminés. Ce qui fait la richesse, en même temps que l'extrême difficulté de son œuvre, est qu'il relève, par la culture qu'il mobilise, de la quasi-totalité des « sciences humaines » de son époque, une époque, répétons-le, qui fut à cet égard exceptionnellement féconde. Certains auteurs sont connus du public français, que l'on cite parfois (sans toujours les avoir lus) : Georg Simmel, Karl Jaspers, Heinrich Rickert, auprès des philosophes, Jellinek ou Ihering auprès des juristes. Beaucoup d'autres restent ignorés, et le restent inévitablement, car il est inutile de prétendre réactualiser tout ce que fut une époque passée : la nôtre a ses propres exigences, et le temps nous est compté. Il serait vain, et sans doute pédant, de prétendre éclairer dans les textes la totalité des référen-

---

1. La diversité des sources auxquelles puise Max Weber explique que son œuvre soit aujourd'hui revendiquée par plusieurs disciplines, parfois sur un mode conflictuel : Weber est-il avant tout un sociologue, un disciple de l'économie politique historique, un juriste (ou du moins un historien et un sociologue du droit), un politiste ? Il est sans doute tout cela à la fois. Pour l'interprétation de la contribution de Weber à la politique, on lira avec profit les études décapantes de Wilhelm HENNIS (tout récemment : « *Max Weber und Thukydides* », *Nachrichten der Akademie der Wissenschaften zu Göttingen. I. Philologisch-historische Klasse, J.-G.* 2003, Nr.1), ainsi que le dialogue du même avec Gangolf HÜBINGER, « *Politikwissenschaft als Disziplin. Zum Weg der politischen Wissenschaft nach 1945* », in *Neue Politische Literatur, J.-G.* 44 (1999), p. 365-379.

ces implicites aux différents débats qui ont animé cette époque. Nous faisons donc le choix, dans les pages qui suivent, de sélectionner quelques passages et quelques thèmes dont nous supposons qu'ils conservent un intérêt majeur pour notre époque.

La spécialisation obligée

Weber semble avoir entretenu un rapport difficile avec l'écriture et l'enseignement scientifique. La rigueur de ses exigences méthodologiques, consignées dans le chapitre introductif d'*Économie et Société*, a rebuté nombre de ses lecteurs. À ces exigences s'ajoutait un souci obsessionnel de l'exhaustivité de ses sources. La combinaison de ces deux éléments explique pour partie le style contourné de la phrase wébérienne, qui inclut dans les méandres de ses subordonnées, parenthèses et incises, des réserves et des qualifications qui ont pour but de prévenir les objections, anticipées par l'auteur, à la thèse principale que la phrase énonce[1]. La quête forcenée de l'exactitude – rigueur méthodologique, complétude des sources – implique nécessairement la spécialisation. Lorsque Weber évoque l'obligation pour le sociologue « d'avoir en tête, peut-être des mois durant, des dizaines de milliers d'exemples numériques tout à fait triviaux », il parle d'expérience[2]. Comme beaucoup de ses contemporains

---

1. Pierre Bourdieu, auquel on a souvent reproché la difficulté de son style, se justifiait en citant ce que Spitzer avait dit du style de Proust, à savoir que la réalité est non seulement complexe, mais également structurée et hiérarchisée, en sorte que, « si l'on veut tenir le monde dans toute sa complexité et en même temps hiérarchiser et articuler, mettre en perspective, mettre au premier plan ce qui est important, etc., il faut recourir à ces phrases lourdement articulées, que l'on doit pratiquement reconstruire comme les phrases latines ». À quoi s'ajoute encore le fait que Proust inscrit dans sa phrase son propre point de vue sur la chose qu'il décrit. Bourdieu effectue ici – à juste titre, me semble-t-il – une comparaison avec la phrase wébérienne : « Ce sont, selon Spitzer, les parenthèses de Proust, que, moi, je rapprocherais des parenthèses de Max Weber, qui sont le lieu du métadiscours présent dans le discours » (Pierre BOURDIEU, *Choses dites*, Minuit, Paris, 1987, p. 66).
2. *Cf. infra*, p. 77, note 2.

cependant, il vit cette contrainte à la spécialisation comme un *fatum,* qui scelle la fin d'une culture humaniste à laquelle sa formation classique, et plus encore ses lectures personnelles l'avaient initié. De ces lectures, qui excèdent très largement le champ pourtant déjà étendu de ses intérêts scientifiques (droit, économie, histoire, sociologie), nous trouvons les échos dans les conférences, qui se plaisent à illustrer tel ou tel moment de leur argument de références à Nietzsche, Goethe, Dostoïevski, Tolstoï, les Upanisads[1], Shakespeare, ou l'*Arthaçâstra* de Kautilya[2]. Le fameux passage de la fin de l'*Éthique protestante* dans lequel, évoquant la mécanisation grandissante des logiques sociales qui se déploient sous l'égide du capitalisme, Weber stigmatise les « derniers hommes », « spécialistes sans esprit, jouisseurs sans cœur », qui s'imaginent avoir atteint une forme supérieure de l'humain[3], contient déjà toute l'ambivalence de son rapport à ce qu'il pense être le destin de notre civilisation. L'idéal d'une culture humaniste universelle, celle d'un Goethe ou d'un Burckhardt, appartient à un monde révolu. Nourri de cet idéal, Weber mobilise toute son énergie et tous ses savoirs pour démontrer le caractère inéluctable de l'évolution qui l'a condamné.

Le caractère incontestablement daté de cette déploration de la culture de spécialiste (dont on trouve des expressions multiples sous la plume des écrivains, publicistes et philosophes allemands de l'époque) ne signifie pas nécessairement que le diagnostic ne soit plus d'actualité. La formation scientifique aujourd'hui – qu'il s'agisse de sciences « dures » ou de ces autres sciences qui, parce que le qualificatif de sciences « molles » n'a certainement rien de flatteur, s'obstinent à mimer les modes d'organisation et de communication des précédentes – restreint de plus en plus la part de la culture au sens large, au profit de savoirs spécialisés engoncés dans leurs précautions méthodologiques. Il y a là un effet des

1. *Cf. infra*, p. 105, note 2.
2. *Cf. infra*, p. 198, note 4.
3. *Cf. EP*, p. 302.

structures institutionnelles, celles de la formation et celles de la recherche, dans lequel il faudrait pouvoir distinguer le nécessaire et le superflu. Certains des travaux que produisent les sciences sociales contemporaines donnent l'impression de prendre bien des détours inutiles pour accoucher de quelques souris. Mais si on laisse de côté ces excroissances parasitaires de l'« entreprise » (*Betrieb*) scientifique, la spécialisation reste un impératif de tout travail scientifique consistant. Et les vrais chercheurs reconnaîtront une expérience qui leur est familière dans les pages superbes que la conférence sur la science consacre à la dialectique de l'« inspiration » et du labeur de savant. Rien d'étonnant à cela : Weber, ici encore, puise directement à son propre « vécu » de la science, comme il est facile de le constater en lisant en parallèle l'avant-propos de la *Sociologie des religions*[1]. Cet avant-propos coiffe l'ensemble de ses travaux de sociologie des religions, c'est-à-dire à la fois les travaux sur l'éthique protestante et les articles composant *L'Éthique économique des religions mondiales*. Or ces articles, précisément, constituent un essai remarquablement audacieux de comparatisme interculturel, dont leur auteur savait qu'il l'obligeait à enfreindre les règles rigoureuses du « métier » spécialisé. Une comparaison d'une telle envergure, quand elle est menée par un seul homme, contraint à se risquer en des domaines dont on n'est pas soi-même spécialiste. Weber se défendait toutefois de faire œuvre de dilettante, tout en accordant, comme il le fait également dans la conférence sur la vocation de savant, que nombre de sciences sont souvent redevables aux dilettantes d'« aperçus très précieux[2] ». Entre le dilettantisme inspiré, mais sans garantie méthodologique, et une spécialisation sans esprit, faute de distance à son objet, Weber cherchait une voie intermédiaire tout en sachant que ce qu'elle pourrait produire encourrait inévitablement la critique des véritables spécialistes. C'est bien de lui-même, et plus particulièrement des

---

1. On se référera à la traduction qu'en propose Jean-Pierre Grossein dans Max Weber, *SR*, p. 489-508.
2. *SR*, p. 505.

problèmes que lui posait l'entreprise de la *Sociologie des religions*, qu'il est question dans *Wissenschaft als Beruf*, lorsqu'il remarque : « Tous les travaux qui empiètent sur les domaines voisins, comme nous en faisons à l'occasion et comme les sociologues, par exemple, doivent nécessairement toujours en faire, sont obérés par la conscience résignée que l'on peut tout au mieux offrir au spécialiste des questionnements utiles, dont lui-même n'a pas si facilement l'idée à partir de son point de vue de spécialiste, mais que notre travail doit inévitablement rester très inachevé[1]. »

Une déontologie de l'enseignant

On trouve également dans *Wissenschaft als Beruf* quelques pages dans lesquelles Weber reprend la position connue sous le nom de « neutralité axiologique », principe qu'il avait défendu plus longuement dans l'« Essai sur le sens de la "neutralité axiologique" » (1917) concernant la déontologie de l'enseignant. L'« Essai » de 1917 lui-même était la refonte d'un manuscrit antérieur (1913), lequel représentait la contribution de Weber à un débat interne au *Verein für Sozialpolitik*[2]. L'ensemble des contributions, rassemblées à l'époque dans un manuscrit distribué aux membres du *Verein* participant à la discussion, a été publié récemment par les soins de Heino Heinrich Nau[3]. C'est cette contribution au débat de 1913 que je sollicite le plus ici pour éclairer la position wébérienne, dans la mesure

1. *Cf. infra*, p. 76.
2. Le *Verein für Sozialpolitik* (Association de politique sociale), fondé en 1872 par l'économiste Gustav Schmoller, était une institution privée qui animait des recherches et enquêtes relatives aux questions économiques et sociales. *Cf.* Dieter KRÜGER, « Max Weber and the "younger" Generation in the Verein für Sozialpolitik », *in* Wolfgang J. MOMMSEN and Jürgen OSTERHAMMEL (éds.), *Max Weber and his Contemporaries*, Unwin Hyman Ltd, London, 1989, p. 71-87.
3. Heino Heinrich NAU (éd.), *Der Werturteilsstreit. Die Äusserungen zur Werturteilsdiskussion im Ausschuss des Vereins für Sozialpolitik (1913)*, Metropolis-Verlag, Marburg, 1996.

où elle n'est pas accessible au lecteur limité aux traductions françaises. Ce lecteur comparera, le cas échéant, avec les passages correspondants de l'« Essai » de 1917.

Le débat peut paraître vieilli : l'Université, en France et en Europe en général, se mobilise à l'heure actuelle autour d'autres préoccupations que celle des engagements éthiques ou politiques des enseignants durant leurs cours. Il n'est pas inutile cependant d'en dire quelques mots, pour écarter les faux procès qui ont été parfois intentés à Weber à ce propos. On trouve, dès le manuscrit de 1913, l'essentiel des arguments repris succinctement par Weber dans la conférence sur la science, notamment la dénonciation de la « prophétie professorale distribuée par de multiples prophètes officiellement accrédités », lesquels s'autorisent à trancher de questions relevant de « conceptions du monde » du haut de leur chaire, c'est-à-dire en un lieu où la discussion est impossible, au lieu de le faire – ce qui serait légitime – « dans les rues, dans les Églises, ou ailleurs encore dans l'espace public, ou bien encore *privatim*, dans des conventicules de personnes sélectionnées unies par la foi[1] ». Ce passage, précisément, permet de faire justice de l'objection souvent opposée à Weber : il contreviendrait lui-même à ce principe d'abstinence axiologique au moment même où il l'expose. On oublie, ce disant, que la conférence sur la science, comme la contribution écrite au débat du *Verein für Sozialpolitik* (1913), ou encore l'« Essai » de 1917 ne sont justement pas des cours. Weber ne s'est pas opposé en général à ce que le savant intervienne dans les débats éthiques ou politiques. Il admettait la légitimité d'une telle intervention, à la fois dans des associations du type du *Verein für Sozialpolitik*, dans des conférences publiques et dans des articles de journaux. Le *Verein für Sozialpolitik* n'était certes pas un parti, en ce sens qu'il ne visait pas à élaborer une doctrine commune en matière de politique économique et sociale, mais il constituait un lieu en quelque sorte semi-public,

---

1. *Ibid.*, p. 151.

rassemblant des spécialistes, économistes, historiens ou sociologues, qui discutaient des questions « pratico-politiques » sur la base de leurs compétences scientifiques. Il était par conséquent un lieu d'échanges et de confrontations, où l'engagement était légitime parce qu'il était exposé à la discussion et à la critique, de même qu'une conférence tenue en public ou un article publié dans une revue politique.

On comprendrait donc mal l'injonction formulée dans la conférence : « Au prophète et au démagogue, il est dit : "Sors, va dans les rues et parle en public[1]" », si on l'entendait comme une condamnation. Comme on l'a souligné plus haut, le prophète et le démagogue ne sont pas pour Weber des figures négatives, et la citation de Jérémie, si on l'interprète à la lumière des pages déjà commentées du *Judaïsme antique*, est sans ambiguïtés. Ce n'est pas l'émeutier que Weber évoque ici, et le débat public n'est pas disqualifié du fait que Weber l'assimile à la prise de parole dans la rue. La rue est ici la métaphore de l'espace public, de sorte que le type de prise de parole que Weber conseille à l'enseignant désireux de se prononcer sur les questions politiques de l'heure est précisément celui auquel lui-même a de nombreuses fois sacrifié, tant dans son activité de publiciste que (notamment) dans les conférences sur la science et sur la politique. La différence entre deux types d'énonciations que Weber recommande a sans doute été obscurcie pour ses lecteurs du fait de la composition du texte publié sous le titre *Wirtschaft und Gesellschaft* (*Économie et Société*). On sait que des grandes parts de l'ouvrage projeté étaient encore à l'état de brouillons, voire de simples indications de titres et sous-titres, et que les éditeurs, Marianne Weber et Johannes Winckelmann, ont complété les parties manquantes (ou supposées telles) avec des extraits tirés de certains textes d'intervention politique (la conférence sur la politique et « Parlement et gouvernement dans l'Allemagne réorganisée »). Ce choix, aujourd'hui critiqué et abandonné par les éditeurs de la *Max*

1. *Cf. infra*, p. 95.

Weber-Gesamtausgabe[1], a contribué à entretenir la confusion sur les statuts respectifs des différents textes que Weber a consacrés à l'analyse des phénomènes politiques. On ne peut certes démontrer ici que Weber a toujours scrupuleusement respecté la distinction de genres qu'il préconisait. Lui-même reconnaissait qu'en pratique l'exercice était souvent difficile, en ajoutant cependant que ces difficultés ne prouvaient rien contre le principe, pas plus que les erreurs scientifiques ne prouvent quelque chose contre le devoir de chercher la vérité[2]. Quelques exemples peuvent cependant témoigner qu'il s'est efforcé de le faire. On pourrait développer, comme il le suggère, l'exemple de la démocratie, en comparant les analyses qu'*Économie et Société* consacre à cette forme d'organisation politique et les prises de position de Weber à son endroit, dispersées dans les articles de journaux ou certaines conférences publiques. Mais nous aurons l'occasion d'illustrer plus loin cette différence sur l'exemple – plus épineux encore – de la nation et du nationalisme.

En abordant la question de la variété des statuts des textes que Weber consacre à la politique, nous nous sommes apparemment éloigné de ce qui était notre point de départ, la déontologie de l'enseignant. Dans la conférence sur la science, Weber justifie la réserve qu'il recommande aux enseignants par la différence principielle qui sépare les jugements scientifiques (ceux des sciences exactes, telles que les mathématiques, et ceux des sciences sociales) d'un côté, les jugements de valeur et les prises de position normatives de l'autre[3]. On trouve dans l'« Essai » de 1917 une formulation analogue, la plus fréquemment citée par les commentateurs : « La validité d'un impératif pratique entendu comme norme et d'autre part la validité de vérité d'une constatation

---

1. *Cf.* en particulier la mise au point d'un des éditeurs, Wolfgang SCHLUCHTER, « "Wirtschaft und Gesellschaft" : Das Ende eines Mythos », *in* W. SCHLUCHTER, *Religion und Lebensführung*, Suhrkamp Verlag, Frankfurt am Main, 1988, vol. 2, p. 597-634.
2. *Cf. infra*, p. 95.
3. *Cf. infra*, p. 94.

empirique d'un fait sont deux choses absolument hétérogènes au niveau de la problématique, de sorte que l'on porte préjudice à la dignité de l'une et de l'autre de ces deux sphères si on méconnaît leur distinction et si on cherche à les confondre[1]. » La frontière infranchissable qui est ainsi tracée entre deux types de jugements repose sur la distinction néokantienne entre l'ordre du *Sein* et l'ordre du *Sollen* (de l'être et du devoir-être). Weber ne s'attarde pas pourtant, dans la conférence, sur les prémisses ontologiques et épistémologiques de l'hétérogénéité qu'il affirme, et il y a à cela quelque raison. Car si l'incommunicabilité entre facticité et normativité est bien l'axiome implicite de son argument, elle ne suffit pas à justifier l'abstinence axiologique exigée de l'enseignant. Celui-ci pourrait argumenter sur l'un et l'autre plan, à la condition de signaler suffisamment la différence de statut des énoncés qu'il profère, de même que, certainement, il fait sentir la différence entre les thèses proprement logiques (par exemple, la reconstruction idéal-typique compréhensive d'une logique de comportement) et les énoncés empiriques *stricto sensu.* Il faut plus qu'une conviction ontologique pour déterminer une politique de l'enseignement. Or la position défendue par Weber relève de la politique universitaire. Sur ce point, le texte de 1913 (encore une fois) est plus explicite. Il souligne tout d'abord – ce qui se laisse au demeurant inférer de la conférence – que cette interprétation de la « vertu » professorale (ce que Weber nomme sa « probité ») présuppose un cadre institutionnel bien précis. C'est du cours magistral qu'il est question, c'est-à-dire d'un face-à-face où le droit à la parole est tout entier d'un côté, tandis que l'autre côté est condamné au silence. Mais plus encore : le texte de 1913 précise le type de choix, en matière de politique universitaire, qui fonde et justifie cette définition de l'éthique professorale. Il fut un temps, remarque Weber, où l'on assignait à l'Université des objectifs inspirés d'une tradition humaniste et d'un idéal politique : « former des hommes et diffuser une disposition

1. *ETS*, p. 50.

politique[1] ». Ce temps est révolu – de l'avis de Weber –, et l'Université, aujourd'hui, doit se borner à la tâche plus modeste qui consiste à offrir une formation professionnelle, entendue en un sens large, c'est-à-dire spécialisée. On retrouve là le thème de la spécialisation obligée, dont on a vu plus haut qu'elle était pour Weber l'un des aspects marquants du « destin » des sociétés occidentales modernes. La retenue que Weber recommande à l'enseignant, quand il s'agit d'exprimer ses préférences politiques ou axiologiques en général, apparaît ici comme un corollaire pratique du diagnostic qu'il porte sur son époque. Comme il le remarque lui-même, cette restriction de la tâche de l'enseignement universitaire à la formation professionnelle spécialisée peut être justifiée de deux manières tout à fait différentes. Certains se satisfont tout bonnement de ce que les hommes de notre époque n'aient plus d'autres ambitions que d'être de bons spécialistes, d'autres au contraire (et Weber confesse être des leurs), sans nier l'importance et les mérites de la spécialisation, considèrent que les choix axiologiques ultimes ne relèvent pas de la formation scolaire, et qu'il n'est pas souhaitable de cacher aux jeunes générations la nécessité où chacun se trouve de décider personnellement de ce qui donne sens à sa vie[2].

Le monopole de la violence physique légitime

Les définitions de la politique et de l'État que proposent les premières pages de la conférence sur *La Politique comme vocation et comme profession* appartiennent au bagage culturel minimal exigé de tout étudiant en sociologie ou en sciences politiques. Pour mémoire : l'État ne se laisserait caractériser que par son moyen, à savoir la violence physique, et plus précisément par le monopole de la violence physique légitime qu'il exerce à l'intérieur d'un territoire déterminé. La politique à son tour – qui apparaît comme un concept second par rapport à l'État – se confond avec la quête du pouvoir, sur le mode d'une

---

1. Heino Heinrich NAU (éd.), *Der Werturteilsstreit, op. cit.*, p. 150.
2. *Ibid.*

participation directe à celui-ci ou d'une influence exercée sur sa répartition, au sein d'un État ou entre États.

Ces définitions ont été maintes fois reprises, commentées et critiquées durant les quatre-vingts ans qui se sont écoulés depuis la parution de *Politik als Beruf*. On peut même dire que, sans ces pages de Weber, la configuration générale des discours sur la politique au XXe siècle aurait été radicalement différente de celle que nous connaissons. Explicite ou implicite, la discussion des équivalences établies par Weber entre État et violence, politique et pouvoir, a traversé les œuvres majeures de la philosophie politique et des sciences politiques tout au long de ce siècle. Il suffit de parcourir les écrits de Leo Strauss, d'Eric Voegelin ou de Hannah Arendt pour mesurer l'impact de ces définitions : ces auteurs, pourtant très éloignés des positions wébériennes, ne pouvaient faire l'économie d'une critique de celles-ci. Toutefois, malgré l'abondance des commentaires et des critiques, il n'est pas certain que les thèses wébériennes aient été ici correctement comprises. Il est certes suffisamment d'éléments dans notre texte – j'y reviens un peu plus loin – qui justifient d'inscrire leur auteur dans la tradition d'une politique « réaliste », dans la lignée d'un Machiavel notamment (dont il se réclame), et d'imputer en outre les positions qu'il défend à un pessimisme anthropologique où l'on verra, selon les cas, un trait de caractère ou un trait d'époque. Il est aussi logiquement possible d'établir un lien entre les choix impliqués dans ces définitions et l'agnosticisme axiologique professé par Weber, dans les deux conférences et dans d'autres textes encore. Mais quiconque a fréquenté les œuvres majeures de Weber, *Économie et Société* ou la *Sociologie des religions*, doutera qu'il ait pu asseoir les concepts fondamentaux de sa sociologie politique sur un coup de force idéologique.

On s'en tiendra à la définition de l'État, celle de la politique n'étant qu'une dérivée de la première[1]. Dans les « Concepts

---

1. Je reprends ici, en plus bref, la substance d'un article à paraître à l'automne dans la *Revue d'études comparatives Est/Ouest,* sous le titre : « La fin du monopole de la violence légitime ? »

fondamentaux de la sociologie » (première partie d'*Économie et Société*), on trouve une variante de la formulation de *Politik als Beruf* : l'État est défini comme une « entreprise politique de caractère institutionnel [*politischer Anstaltsbetrieb*] » qui « revendique avec succès, dans l'application de ses règlements, le monopole de la contrainte [*Zwang*] légitime ». En caractérisant l'État par le monopole de la contrainte (avant de substituer à celle-ci la violence), Weber ne faisait que reprendre une thèse assez répandue dans la littérature juridique et politique de son temps : Ihering, dans son *Zweck im Recht*, parle du « monopole de la contrainte », Rudolph Sohm, dès 1911, écrit, à propos de la contrainte juridique, qu'elle est le « monopole exclusif de l'État », de sorte que « tout exercice de la violence à l'intérieur de l'État ne peut reposer que sur une mission, une délégation émanant des pouvoirs étatiques », et Georg Jellinek, collègue et proche de Weber, résume en ces termes le procès de formation de l'État : « Le développement de l'État est partout accompagné d'un procès d'absorption de la création autonome du droit ; si bien que, finalement, seul l'État apparaît être la source de création nouvelle et régulière du droit, et que c'est à lui seul qu'il revient de disposer des moyens de la contrainte juridique [*Rechtszwang*]. » Andreas Anter (auquel j'emprunte ces citations) est fondé à dire qu'à la fin du XIXe siècle, la caractérisation de l'État par le monopole de la contrainte était une sorte de lieu commun de la théorie de l'État[1].

La plupart des lecteurs de Weber ignorent ces antécédents, ce dont on ne peut leur faire reproche. Mais ce qu'indiquent ces références aurait pu être tiré des textes mêmes de Weber, si on les avait lus avec suffisamment d'attention : la définition de l'État avancée par Weber est une thèse de juriste, plus précisément d'historien du droit, et non un choix philosophique relatif à l'essence de l'État. Un travail

1. Andreas ANTER, *Max Webers Theorie des modernen Staates*, Duncker & Humblot, Berlin, 1995, p. 39.

philologique précis permet d'établir les liens qui existent entre cette définition et les analyses que Weber développe dans certains chapitres – certes particulièrement difficiles – de sa *Sociologie du droit*[1]. Telle qu'elle s'offre dans le texte de *Politik als Beruf*, la définition de l'État par son moyen, la violence physique légitime, est d'abord le corrélat d'un refus, celui de toute interprétation de l'État au regard de fins supposées, lesquelles sont toujours arbitrairement sélectionnées. Ce refus était déjà explicitement exprimé dans *Économie et Société* : « Il n'est pas possible de définir un groupement politique – pas même l'État – en indiquant seulement la fin de son activité de groupement. En effet, il n'existe pas de fin, depuis le souci du ravitaillement jusqu'à la protection des arts, que le groupement politique n'ait à l'occasion poursuivie ; de même il n'existe pas de fin, depuis la garantie de la sécurité personnelle jusqu'à la fonction judiciaire, que tous les groupements politiques n'aient poursuivie[2]. » Mais ce refus d'une interprétation téléologique de l'État ne suffit pas à expliquer que Weber retienne la violence (légitime) comme le critère distinctif du groupement politique que nous nommons État. Ce choix analytique est en vérité supporté par une thèse historique que Weber développe dans son étude des « formes de justification des droits subjectifs ». Bien que Weber n'ait pu ignorer que la notion de « droits subjectifs » est une notion moderne, et l'expression elle-même un produit de la science juridique allemande du XIXe siècle, il s'est appliqué cependant à en proposer une définition suffisamment large pour s'appliquer à des conditions anciennes aussi bien que modernes. Un droit subjectif consiste selon lui en la « chance » qu'un individu (ou un groupe d'individus) a d'obtenir

1. Je me réfère tout particulièrement au chapitre 2 de cet ouvrage : « Les formes de création des droits subjectifs » (*SD*, p. 44-115). Pour des raisons développées ailleurs (*cf.* mon article : « Les modes de justification des droits subjectifs », *in* Catherine COLLIOT-THÉLÈNE, *Études wébériennes*, PUF, Paris, 2001, p. 274), je pense que le titre de ce chapitre serait mieux rendu par : « Les formes de justification des droits subjectifs ».
2. *E&S*, p. 57-58.

le soutien d'une instance de contrainte pour garantir l'effectivité des prétentions qu'il élève en vertu de ses intérêts matériels ou idéels. Cette contrainte peut revêtir des formes très diverses, de sorte que le droit au sens où nous l'entendons communément aujourd'hui, dont la garantie est toujours étatique, n'apparaît que comme une espèce à l'intérieur du genre. « L'élément déterminant du concept de "droit", lit-on encore dans *Économie et Société*, consiste à nos yeux [...] dans l'existence d'une instance de contrainte. Celle-ci peut évidemment ne ressembler à rien de ce qui nous est familier aujourd'hui. En particulier, l'existence d'une instance judiciaire n'est pas indispensable[1]. »

Il y a eu et il y a du droit, et tout particulièrement des « droits subjectifs », avant l'État et indépendamment de lui. Cette acception large ouvre sur le droit « étatique » une perspective historique généralement interdite par les problématiques contractualistes, lesquelles pensent simultanément l'instauration du pouvoir étatique et la garantie constitutive du droit (du moins du droit effectif). Le deuxième chapitre de *Sociologie du droit* développe cette perspective : la formation du droit « étatique » y apparaît comme le résultat d'un procès, ou plutôt de trois procès solidaires que sont la territorialisation, l'institution d'un droit identique pour tous (corrélat de l'abolition des privilèges) et la « médiatisation » des « droits particuliers ». Weber évoque une époque passée dans laquelle les « communautés de droit », c'est-à-dire les collectifs susceptibles d'exercer une contrainte garantissant certains droits à leurs membres, étaient plurielles et se chevauchaient. L'appartenance à tel ou tel collectif conférait des privilèges, que l'individu emportait avec lui, donc sans attache territoriale. Les droits étaient « particuliers » dans la mesure où les communautés qui les assuraient étaient plurielles ; ils étaient attachés à la personne des membres de ces communautés de droit, et non à une souveraineté exercée sur un territoire délimité ; ils étaient des privilèges, puisque l'existence d'une communauté de droit avait précisément pour

---

1. *Ibid.*, p. 34.

sens de réserver certains droits à ses membres, au détriment de ceux qui en étaient exclus. La formation de ce groupement politique spécifique que nous nommons État suppose au contraire la disparition de ce pluralisme des appartenances juridiques : elle implique la substitution, au droit « personnalisé » de jadis, de la loi générale, laquelle vaut en principe pour tous les ressortissants du territoire sur lequel s'étend le pouvoir de l'État.

Si le détour par *Sociologie du droit* permet d'asseoir solidement l'interprétation que nous avançons ici, une lecture un peu serrée des premières pages de *Politik als Beruf* la suggère en vérité déjà. Weber ne cache pas en effet que sa définition s'entend de l'État moderne, et qu'avant l'État d'autres groupements ont fait de la violence leur moyen ordinaire. Le monopole de l'État, comme souvent les monopoles, est le résultat d'un procès de monopolisation, c'est-à-dire de dépossession d'instances autres que l'État, qui disposaient jadis du « droit » à la violence : « Ce qui est spécifique à l'époque présente est que tous les autres groupements ou toutes les autres personnes individuelles ne se voient accorder le droit à la violence physique que dans la mesure où l'État la tolère de leur part : il passe pour la source unique du "droit" à la violence » (*infra*, p. 118-119). En bref, ce que monopolise l'État n'est pas la violence, mais son exercice légitime, c'est-à-dire la capacité de garantir des droits.

Nonobstant, nous l'avons indiqué plus haut, Weber porte une part de responsabilité dans la manière dont ont été communément lues et interprétées ses définitions de l'État et de la politique. Ce sont en effet généralement sur les premières pages de la conférence sur la politique, plutôt que sur les textes, plus ésotériques, des « Concepts fondamentaux » ou de la *Sociologie du droit*, que se sont appuyés les commentateurs. Or si l'interprétation que nous venons d'esquisser se laisse bien induire des deux premières pages de cette conférence, les circonstances dans lesquelles celle-ci fut prononcée ont amené Weber à infléchir le sens de l'équation qu'il posait entre État et violence. Il était tout naturel que ses lecteurs établissent un lien entre ces premières pages et les arguments auxquels Weber fait appel, à la fin de cette même conférence, pour critiquer le pacifisme. Il était tentant, par conséquent, de ne retenir du « monopole de la violence légitime » que l'assimilation de l'État à la violence (en oubliant à l'occasion la légitimité)[1], et de ranger Weber dans la longue tradition que l'on résume sous le terme de « machiavélisme ». Lui-même avait cité Machiavel et Fichte, il avait également mentionné l'*Arthaçâstra* de Kautilya. À travers cette dernière référence – à laquelle ses lecteurs ont moins porté attention –, il aggravait en quelque sorte son dossier. Car il est vrai tout d'abord, comme il le remarque incidemment dans la conférence, que ce texte classique de l'Inde ancienne est beaucoup plus corrosif que le *Prince* de Machiavel. « Toute la théorie politique [de l'Inde ancienne], résume-t-il à ce propos dans *Hindouisme et Bouddhisme*, n'était qu'un art amoral enseignant les moyens d'accéder au pouvoir et de le conserver, elle allait beaucoup plus loin que tout ce qu'ont connu, dans ce domaine, les *Signori* des débuts de la Renaissance italienne[2]. » Mais surtout, en rapportant, à travers cette référence, la violence (virtuelle ou effective) de la politique au « *dharma* » du prince (ici figure de l'« homme politique »), Weber conférait un caractère quasi ontologique au lien qu'il établissait entre politique et violence. Derrière l'allusion au « *dharma* » du prince, il y a en vérité la théorie de la différenciation des sphères d'action, développée dans la « Considération intermédiaire », selon laquelle la logique spécifique (*Eigengesetzlichkeit*) de la politique (à la différence de celles de l'économie, de l'érotique, de l'esthétique et de l'« acosmisme de l'amour » des religions universalistes) se règle en définitive sur la « pragmatique objective de la raison d'État », de sorte que « le recours à la violence nue des moyens de coercition en direction de l'extérieur, mais également vers l'intérieur, est au principe de tout groupement politique[3] ». De la théorie des

---

1. *Cf.* par exemple Hannah ARENDT, *Macht und Gewalt*, Piper, München/Zürich, 1996, p. 37 et 48.
2. *H&B*, p. 261.
3. *SR*, p. 425.

droits subjectifs pour laquelle l'État moderne est l'instance qui a monopolisé le pouvoir de garantir des droits à cette inscription de la violence dans l'essence même de la politique, la conséquence ne va pas de soi. Les lecteurs sont excusables d'avoir ignoré la première, quand Weber lui-même en avait brouillé la signification (dans la conférence sur la politique avant tout) en la fondant avec la seconde.

Weber a mobilisé des définitions qui n'ont de sens précis que dans sa théorie du droit pour étayer une polémique qui visait à la fois les révolutionnaires et les pacifistes allemands des années de guerre et de l'après-guerre. Pour faire la part, dans cette polémique, du conjoncturel et de ce qui demeure, au-delà de cette conjoncture, des distinctions conceptuelles et des analyses susceptibles d'être réactualisées dans d'autres contextes, il nous faut d'abord dire quelques mots du nationalisme wébérien. C'est après avoir pris la mesure de la profondeur de ce nationalisme, mais aussi d'en avoir précisé la nature, que nous pourrons revenir sur la célèbre distinction entre éthique de conviction et éthique de responsabilité, souvent considérée comme la contribution essentielle, et peut-être la seule, à la question épineuse des rapports entre morale et politique.

Le nationalisme wébérien

Il est inutile de chercher à nier la réalité et la profondeur du nationalisme de Max Weber. On trouvera l'essentiel à ce propos dans l'ouvrage classique de Wolfgang Mommsen, *Max Weber et la politique allemande*[1]. Dans les chapitres III et IV de cet ouvrage (respectivement : « L'État national de puissance, idéal politique de Max Weber » et « L'impérialisme national, tâche future de la politique allemande »), Mommsen décrit bien la complexité de ce nationalisme, qui constitue à la fois une constante de la position politique de Weber depuis la leçon inaugu-

1. Wolfgang MOMMSEN, *Max Weber et la politique allemande, 1890-1920*, *op. cit.*

rale qu'il prononça à l'université de Strasbourg en 1895 jusqu'aux textes des années 1918-1919, et qui connut nonobstant, tout au long de cette période, en réaction à l'évolution de la conjoncture politique, des inflexions qui en déplacèrent en partie les enjeux. Le cas de la position de Weber à l'égard de la politique polonaise de l'Allemagne, qui le conduisit dans un premier temps (en 1893) à adhérer à la Fédération pangermanique, puis à s'en détacher (dès 1899) et à s'opposer à la politique de germanisation contrainte des populations polonaises des territoires orientaux de l'Allemagne, est exemplaire de ces déplacements. Nous ne pouvons cependant nous y attarder ici, et nous renvoyons donc le lecteur curieux à l'ouvrage cité.

L'allégeance nationaliste très prononcée de Weber demande à être comprise et jugée en contexte, ce qui signifie que, dans une large mesure, elle appartient à une époque révolue. À différentes reprises, Mommsen souligne le caractère daté de la position wébérienne. « Vu de nos jours », écrit-il, Weber paraît « captif du pathos national propre à l'époque wilhelminienne », et encore : « Weber partageait la tragique surestimation de l'idée de puissance et sa transfiguration dans la nation qui fut le propre de l'époque de l'impérialisme et a conduit la vieille Europe à la catastrophe[1]. » À lire Mommsen, on se demande toutefois si les présupposés du jugement qu'il prête au nationalisme wébérien ne portent pas à leur tour la marque d'une époque, celle de l'Europe des années 1950[2], forte de la certitude que l'affirmation guerrière des identités nationales appartenait définitivement au passé et qu'après les horreurs de la Première, et surtout de la Seconde Guerre mondiale, l'Europe était pour toujours guérie des démons qui l'avaient ensanglantée durant la première moitié du XXe siècle. Il est vrai que les grands pays européens ne sont plus aujourd'hui sur le pied de guerre, et qu'il est peu probable que cette situation se reproduise jamais. Mais nous ne pouvons

1. *Ibid.*, p. 97.
2. L'original allemand de l'ouvrage de Mommsen a été publié en 1959.

plus, aujourd'hui, célébrer la fin du nationalisme guerrier avec le même optimisme et la même confiance que dans les années 1950. Non seulement le monde globalisé qui a pris forme dans les dernières décennies du XXe siècle n'a pas grand-chose de commun avec les espoirs millénaristes des « internationalistes » du début du même siècle, mais il déçoit aussi bien les attentes plus modestes qui donnaient le ton à la politique des lendemains de la Seconde Guerre mondiale. Après les épisodes tragiques qui ont accompagné et suivi l'éclatement de l'ancienne Yougoslavie, ou au regard de certains des arguments avancés pour justifier les politiques migratoires restrictives des pays européens, nous savons aujourd'hui que nous n'en avons pas fini avec la question nationale, laquelle, lors même que les lieux et les motifs des conflits en sont modifiés, demeure cependant, en Europe et ailleurs, un enjeu central de la politique de notre époque.

Les cadres nationaux sont certes aujourd'hui débordés de toutes parts par les logiques économiques, des formes supra- ou transnationales d'organisation (économique, politique, culturelle) se sont multipliées, et l'ensemble donne au monde qui est le nôtre une figure que Weber ne pouvait bien entendu anticiper. Mais la question des identités, politiques, culturelles et autres, et la tentation toujours renaissante de couler ces identités dans la forme nationale demeurent d'actualité[1]. Et c'est pourquoi les analyses de Weber, lorsqu'il prend distance avec ses propres engagements pour traiter en sociologue, c'est-à-dire en scientifique, de

1. Une actualité dont témoigne l'abondance des ouvrages, articles ou numéros spéciaux de revues consacrés durant les deux dernières décennies du XXe siècle à la question des « identités » ou à celle du nationalisme, que ce soit pour en scruter les origines, pour en interroger la persistance ou la reviviscence, ou pour en appeler le dépassement. *Cf.* par exemple, parmi les ouvrages accessibles en français : Benedict ANDERSON, *L'Imaginaire national*, La Découverte, Paris, 1996, 2002 ; Jürgen HABERMAS, *Après l'État-nation*, Fayard, Paris, 2000 et les travaux d'Étienne BALIBAR, *Race, nation, classe : les identités ambiguës*, en collaboration avec Immanuel WALLERSTEIN, La Découverte, Paris, 1997 ; *La Crainte des masses,* Galilée, Paris, 1997 et *Nous, citoyens d'Europe ?* La Découverte, Paris, 2001.

l'idée de nation, nous fournissent des éléments de réflexion toujours pertinents pour la compréhension de notre présent. Les pages que *Wirtschaft und Gessellschaft* consacre au concept de nation (qui appartiennent malheureusement aux parties inachevées de l'ouvrage[1]) frappent néanmoins le lecteur par la lucidité de leurs analyses. De quoi se nourrit le sentiment d'appartenance communautaire (*Gemeinschaftsgefühl*) que l'on nomme sentiment national ? interroge-t-il. En réponse, il s'attache à souligner la plasticité de son substrat : « La nation est un concept qui, à supposer qu'il soit univoque, ne peut en tout cas être défini d'après des qualités empiriques communes à ceux qui en relèvent. Dans l'idée de ceux qui l'utilisent, il signifie tout d'abord, incontestablement, que l'on présume chez certains groupes d'hommes un sentiment de solidarité spécifique par rapport à d'autres hommes[2]. » Weber passe alors en revue les différents candidats au rôle de substrat de ce sentiment d'appartenance collective : unité de l'État, communauté de langue, identité de confession religieuse, éléments « ethniques », parmi lesquels les similitudes de structure sociale et de mœurs ou la mémoire d'une histoire politique partagée. Cette énumération, au long de laquelle le caractère insuffisant de chaque élément cité est établi à l'aide de contre-exemples, aboutit à l'énoncé d'un programme de travail que Weber n'a pas réalisé : « Une casuistique sociologique devrait développer, face au concept axiologique (*Wertbegriff*) : l'"idée de nation", tout à fait plurivoque au plan empirique, toutes les espèces particulières de sentiments de communauté et de solidarité, à la fois du point de vue de leurs conditions de formation et de leurs conséquences sur l'action collective des participants[3]. »

---

1. Dans la version usuelle (abandonnée par l'édition critique, *cf. supra*, p. 31, note 2) de *Wirtschaft und Gesellschaft*, les développements relatifs au nationalisme se trouvent d'une part, dans le volume I (*W&S*, p. 242-244 ; *E&S*, p. 424-427) et dans le volume II (*W&G*, p. 520-530).
2. *W&G*, p. 528.
3. *Ibid.*, p. 530.

On m'excusera de citer un peu longuement ces passages, qui appartiennent à des chapitres de *Wirtschaft und Gesellschaft* dont il n'est pas encore de traduction française. Le point qui m'intéresse particulièrement dans ces quelques pages se trouve dans le dernier paragraphe. Weber remarque, en forme de substitut au programme annoncé et qu'il renonce à mener à bien, que l'idée de nation est souvent associée chez ceux qui la défendent à la notion de prestige. « Dans ses formes les plus primitives et les plus virulentes », elle contient « la légende d'une "mission" providentielle » qu'il incomberait de servir, et la conviction que cette mission est liée à la nature particulière (*Eigenart*) du groupe identifié comme nation. Cette mission, remarque-t-il, à supposer qu'on lui cherche des justifications, « ne peut être représentée de manière conséquente que comme une mission "culturelle" spécifique[1] ». En qualifiant de « primitive » une telle conception du nationalisme, Weber paraît sans doute s'en distancier. Il n'y a pourtant pas une très grande différence entre cette interprétation « providentialiste » et le constat que « l'attachement au prestige politique peut se marier à une croyance spécifique en une responsabilité, qui incomberait en propre à une grande puissance, responsabilité au regard de la postérité pour la manière dont la puissance et le prestige seront distribués entre sa propre communauté et les communautés politiques étrangères[2] ». Or, si nous nous en tenons à cette dernière formulation, il s'agit très exactement de la manière dont Weber a tenté de préciser la nature de son propre engagement nationaliste durant les années de guerre[3]. Le thème de la

---

1. *Ibid.*
2. *Ibid.*, p. 527.
3. Notamment dans la brève note intitulée : « *Zwischen zwei Gesetzen* » (« Entre deux lois »), parue dans le mensuel *Die Frau* en février 1916 (*cf. MWS* I/15, p. 39-41), ainsi que dans l'article plus substantiel (mais qui reprend certains thèmes, voire certains passages du texte précédent), « *Deutschland unter den europäischen Mächten* » (« L'Allemagne entre les puissances mondiales européennes »), paru en octobre de la même année dans la revue *Die Hilfe* (*cf. MWS* I/15, p. 63-78).

responsabilité à l'égard des générations futures, qui se rencontre également dans la conférence sur la politique, est mobilisé pour nouer le lien entre nation et puissance, dans la perspective d'une politique dont les enjeux concernent l'histoire universelle. On sait suffisamment que Weber pense la politique avant tout en termes de puissance. Mais il est remarquable qu'il ne puisse en dernier ressort justifier son engagement passionnel pour les intérêts de l'Allemagne que par la conviction qu'il appartient au destin de celle-ci – et à sa responsabilité au regard de la postérité – de défendre une forme spécifique de la culture.

Mission culturelle et puissance de l'État-nation se trouvent ainsi étroitement liées, en ce qui concerne les grandes puissances du moins : non pas parce que la culture serait l'apanage des grandes puissances, mais parce que la figure future de la civilisation mondiale dépend de l'évolution des rapports entre les grandes puissances. La qualité de « *Machtstaat* » (État-puissance) implique certaines responsabilités devant l'histoire. Les petites nations (Weber cite fréquemment la Suisse) ont leurs avantages : elles autorisent la démocratie, ou bien des formes d'aristocratie fondées sur la confiance et les relations personnelles[1]. Mais elles ne peuvent infléchir les destins de la culture. Les grands États, c'est-à-dire les États de masse, n'ont pas les mêmes libertés que les petites nations en ce qui concerne leur organisation interne : « Dans un État de masse, la démocratie et l'aristocratie se transforment jusqu'à ne plus être reconnaissables : à la place de l'administration élue par le peuple ou exercée à titre honorifique, on a inévitablement la bureaucratie, à la place de l'armée populaire, l'armée entraînée. C'est là le destin inéluctable du peuple organisé en État de masse[2]. » Leur force est moins un privilège qu'un *fatum*. Car : « Ce n'est pas aux Suisses, ce n'est pas aux Danois, aux Hollandais ou aux Norvégiens que la postérité demandera

1. *MWS* I/15, p. 76-77.
2. *Ibid.*, p. 77.

compte de la figure qui sera celle de la civilisation de la terre. Ce n'est pas eux qu'elle blâmera, s'il n'y avait plus rien sur la partie occidentale de notre planète que les conventions anglo-saxonnes et la bureaucratie russe. Et la postérité aura raison. Car ni les Suisses, ni les Hollandais, ni les Danois ne pouvaient y faire obstacle. Un peuple de soixante-dix millions d'individus, situé entre de telles puissances capables de conquérir le monde, avait le *devoir* d'être un État de puissance[1]. » Curieusement, que ce soit pendant la guerre ou au sortir de celle-ci, Weber faisait peu de cas de l'opposition entre culture française et allemande. Le conventionnalisme anglo-saxon lui-même paraît n'être évoqué que pour offrir un pendant occidental au véritable adversaire, situé à l'Est. Aux yeux de Weber, les différences entre les cultures de l'Angleterre, de la France et de l'Allemagne sont en effet minimes au regard du gouffre qui sépare la culture occidentale en général de la culture russe de son époque. Contre les tenants de la *Realpolitik*, qui ne veulent penser qu'en termes d'État et non de culture, Weber dévoile ce qui fut certainement un des motifs les plus profonds de son attitude pendant la Première Guerre mondiale : « La Russie ne menace pas seulement notre position en tant qu'État, mais, *aussi longtemps* qu'elle a le caractère qui est le sien aujourd'hui, elle menace toute notre civilisation, et au-delà la civilisation mondiale[2]. » La guerre que mène l'Allemagne sur sa frontière Est n'a donc pas la même signification que celle qu'elle conduit à l'Ouest. Du

1. *Ibid.* Et encore, p. 78 : « Le fait que nous soyons un peuple, non pas de sept, mais de soixante-dix millions d'âmes, c'est ce qui constitue notre destin. C'est ce qui fondait note responsabilité inévitable devant l'histoire, une responsabilité à laquelle, l'aurions-nous voulu, nous ne pouvions nous dérober. » Le texte d'où sont tirées ces citations (« *Deutschland unter den europäischen Weltmächten* ») a été écrit en octobre 1916. Il s'agit, comme il ressort de ces citations, d'une justification de l'entrée en guerre de l'Allemagne, dont les arguments méritent d'être pesés en détail du point de vue de leur pertinence historique. Je ne l'utilise ici que pour illustrer le type de nationalisme qui semble avoir animé Max Weber.
2. *MWS* I/15, p. 72.

côté de sa frontière orientale, l'Allemagne a des « tâches culturelles », une mission, en d'autres termes, dans laquelle elle assume des responsabilités qui engagent l'avenir de la civilisation occidentale tout entière. Car, « du point de vue de l'histoire universelle, les litiges à l'Ouest, concernant la Belgique, apparaîtront plus tard comme des broutilles par rapport aux développements à l'Est, lesquels ont le sens de décisions d'importance mondiale[1]. »

Pour des raisons multiples liées à l'histoire européenne du XXe siècle, l'idée de « mission culturelle » nous est aujourd'hui extrêmement suspecte. Mais l'objectivation à laquelle Weber soumet lui-même ses propres engagements politiques et axiologiques permet de reprendre à nouveaux frais la question qui hante ses écrits politiques des années de guerre. À quelles conditions et sous quelles prémisses peut-on définir les objectifs d'une politique « mondiale » ? Si l'on refuse de ramener la politique internationale à la seule défense des intérêts économiques, si l'on accorde que l'affirmation de la puissance, bien qu'elle constitue un élément irréductible de la politique, et singulièrement de la politique *mondiale*, ne peut pourtant en être l'*ultima ratio*, en quoi consiste la « cause » qui justifie l'engagement, ou même simplement l'intérêt pour la politique ? L'idée d'une responsabilité devant les générations futures, à la différence de celle de « mission culturelle », peut raisonnablement être considérée comme une norme toujours pertinente pour orienter la politique. Encore faut-il être en mesure de préciser *de quoi* l'homme politique doit se tenir pour responsable, c'est-à-dire, si l'on accepte le cadre ambitieux dans lequel Weber situe les enjeux de la grande politique, de formuler les visées qui peuvent être celles d'une *politique mondiale*[2].

---

1. *Ibid.*
2. Le thème apparaît à différentes reprises dans le dernier ouvrage d'Étienne Balibar, *L'Europe, l'Amérique, la guerre*, La Découverte, Paris, 2003, au point d'obliger l'auteur à poser explicitement la question : « Mais une politique qui n'est pas "mondiale" est-elle une politique ? », question à laquelle il répond immédiatement par la négative (*op. cit.*, p. 101).

On touche là aux limites du paradigme du prophète judaïque : là où la « cause » n'est plus fixée par la tradition religieuse, il incombe au politique d'en déterminer le contenu.

Éthique de la conviction et éthique de la responsabilité / éthique du pouvoir et honneur du fonctionnaire

Un mot tout d'abord sur la traduction de l'expression de « *Gesinnungsethik* ». J'ai choisi d'en rester à la traduction usuelle, et je n'ai pas retenu la proposition de Jean-Pierre Grossein : « éthique de l'intériorité[1] ». La traduction de « *Gesinnung* » par « intériorité » a sans aucun doute des titres à faire valoir pour certaines occurrences du terme dans la sémantique wébérienne. Dans le cas de l'expression « *Gesinnungsethik* » cependant, comme le remarque Jean-Pierre Grossein lui-même, la traduction par « éthique de conviction » est à ce point acclimatée dans le lexique sociologique et éthique contemporain qu'il serait vain de chercher à en imposer une autre. Le faire serait d'autant plus inutile que, comme le note Jean-Pierre Grossein encore, l'idée de « conviction » n'est pas étrangère en général au terme « *Gesinnung* ». Dans le cas de l'opposition entre éthique de la responsabilité et éthique de la conviction, la seconde s'entend d'une attitude uniquement soucieuse des principes et indifférente aux conséquences de l'action, ce qui a bien quelque chose à voir avec ce que nous désignons usuellement par l'expression : « agir par conviction ».

Je ne m'attarderai pas ici sur la genèse de cette célèbre distinction dans l'ensemble du corpus wébérien[2]. Dans le présent

---

1. *Cf. SR*, p. 120-121.
2. Cette genèse est documentée de manière exhaustive dans l'excellente synthèse de Wolfgang SCHLUCHTER, « *Gesinnungsethik und Verantwortungsethik : Probleme einer Unterscheidung* », dans le recueil du même auteur, *Religion und Lebensführung*, Suhrkamp, Frankfurt am Main, 1971, Bd 1, p. 165-273.

texte, l'éthique de la conviction est illustrée par deux figures privilégiées : le syndicaliste et le pacifiste inconditionnel qui en appelle (dans sa variante chrétienne) à l'« éthique absolue du Sermon sur la montagne ». Dans un article datant du début des années 1980, Guenther Roth remarque très justement qu'en rangeant sous une même catégorie ces deux figures à première vue très différentes l'une de l'autre, Weber semble confondre l'hostilité au capitalisme, caractéristique du premier, avec l'incapacité à supporter l'irrationalité éthique du monde, qui est le propre du second[1]. Ce rapprochement ne se justifie qu'à la condition de retenir pour critère de l'« éthique de conviction », non pas le contenu des convictions lui-même, inévitablement variable selon les cas, mais une forme qui ne se laisse déterminer que par opposition à l'autre élément du couple, l'éthique de responsabilité. En vérité, Weber tient en piètre estime les comportements politiques qui ne laissent apparaître aucune conviction directrice. Un tel comportement se rencontre chez les *Machtpolitiker* (« politiciens épris de puissance »), pour lesquels la conquête du pouvoir et sa conservation constituent l'alpha et l'oméga de la réussite en politique. Cette conception cynique de la politique, que le texte de 1919 (« La politique comme vocation-profession ») impute aux thuriféraires de la *Machtpolitik*, avait été déjà prise à partie par Weber dans un texte de 1917, à l'occasion d'une distinction établie entre la « politique réaliste » pour laquelle lui-même militait, et la *Realpolitik* préconisée par certains de ses contemporains. Si l'une et l'autre ont en commun de prendre la mesure du possible, dans une conjoncture donnée, donc de s'« adapter » aux conditions qui sont celles de cette conjoncture, la différence – fondamentale – tient à ce que la première reste inspirée par une conviction ou l'allégeance à une « cause », tandis que la seconde se réduit à l'opportunisme

1. D'après Wolfgang SCHLUCHTER, *Religion und Lebensführung*, Bd 1, *op. cit.*, p. 169.

pur[1]. C'est uniquement à la condition de garder en mémoire les pages passionnées que Weber consacre à la « cause » au service de laquelle l'homme politique authentique engage sa responsabilité[2] que l'on peut comprendre le point exact de la différence entre éthique de la conviction et éthique de la responsabilité. Il va de soi, nous dit Weber, que l'éthique de conviction n'implique pas l'absence de responsabilité, ni l'éthique de responsabilité l'absence de conviction[3]. La remarque ne signifie pas seulement que, dans les cas concrets, les motivations et les principes éthiques eux-mêmes ne sont jamais attestés sous une forme « pure », mais qu'il n'est pas même possible de parler de « responsabilité » là où la cause, donc la conviction, est absente. À quoi se jaugerait, en effet la responsabilité de l'homme politique, s'il était en vérité sans principe et sans objectif ? Ce que Weber reproche aux pacifistes radicaux ou aux révolutionnaires de son époque est de refuser de prendre en considération les conséquences prévisibles de leur action, et singulièrement la possibilité que ces conséquences aillent à l'encontre des buts qu'ils prétendent servir. La figure qu'il leur oppose n'est pas celle d'un politicien qui ne se soucierait que du pouvoir, mais bien celle de l'homme « convaincu » de la justesse de sa cause (quelle qu'elle soit) et prêt, en raison de cette conviction précisément, à des compromis éventuels (sur les rythmes, sur les

---

1. *Cf. ETS*, p. 439 : « Nous venons d'employer à plusieurs reprises le terme d'"adaptation" dont la signification est en l'occurrence suffisamment claire dans le contexte précédent pour ne pas donner lieu à des malentendus. On peut cependant montrer que cette notion a un double sens. Elle peut signifier : adaptation des moyens d'une prise de position ultime à des situations données (politique "réaliste" au sens propre) ou bien : adaptation aux chances de succès éphémères, réelles ou imaginaires, dans le choix d'une des multiples prises de position ultimes possibles en général (nous avons alors affaire à cette fameuse "politique réaliste" grâce à laquelle notre politique a depuis vingt-sept ans obtenu des résultats tellement remarquables !). »
2. *Cf. infra*, p. 182 *et sq*.
3. *Cf. infra*, p. 192.

moyens), pour autant que ces compromis apparaissent faire progresser sa cause, dans la mesure où cela est possible.

On sait d'après les notes manuscrites qui ont servi de point de départ à la conférence sur la politique, que Weber avait tout d'abord nommé « *Machtethik* » (éthique du pouvoir) ce qu'il rebaptisa, après correction, éthique de la responsabilité. La correction s'explique sans doute par la volonté de prévenir une confusion avec la position qui est celle des « *Machtpolitiker* ». Mais la première dénomination attire l'attention sur un aspect de la réflexion wébérienne que la focalisation sur la différence entre éthique de la responsabilité et éthique de la conviction fait souvent oublier. En ce qui concerne la responsabilité propre de l'homme politique, Weber a finalement consacré beaucoup plus de temps et de pages à souligner la différence entre le fonctionnaire et l'homme politique, au sens emphatique du terme, qu'à la distinction entre éthique de la responsabilité et éthique de la conviction. Il rencontrait certes des comportements inspirés par une pure « éthique de la conviction » chez certains de ses contemporains, et probablement dans le cercle des étudiants munichois qui constituaient le public des conférences sur la science et sur la politique, et il pensait pouvoir éclairer cette disposition, en vérité apolitique, par analogie avec les logiques de certaines sectes religieuses qu'il étudiait à la même époque, ou qu'il avait étudiées quelques années auparavant pour écrire les essais composant *L'Éthique économique des religions mondiales*. Les recoupements entre les thématiques abordées dans les textes politiques d'un côté, l'« Introduction » ou la « Considération intermédiaire », c'est-à-dire les deux textes généraux dont Weber a accompagné les trois études de cet ensemble (*Confucianisme et taoïsme*, *Hindouisme et bouddhisme*, *Le Judaïsme antique*[1]) de l'autre, montrent avec quelle dextérité il savait établir des ponts entre des champs d'intérêt à première vue très hétérogènes. Il reconnaissait dans certains comportements de

1. *Cf. SR*, p. 331-378 et p. 410-460.

ses contemporains des structures dispositionnelles homologues à celles qu'il avait identifiées dans l'histoire des pratiques religieuses. Mais si ces analogies ont l'intérêt d'indiquer que les manières de gérer les rapports entre exigences éthiques et contraintes objectives (ou, dans un autre langage, entre la recherche du salut et le « monde ») ne sont pas en nombre infini, de sorte qu'on peut toujours et toutes les voir resurgir, à des époques et dans des contextes très différents, il reste que le problème majeur de son pays et de son époque ne résidait pas aux yeux de Weber dans la réapparition sporadique de prophéties millénaristes ou de rêves de socialité fraternelle, mais dans une rationalisation de la politique, parallèle à la rationalisation de l'économie, qui menaçait de sceller de manière définitive l'hégémonie politique d'une bureaucratie de fonctionnaires.

On connaît les célèbres passages, tirés de la conférence « Parlement et gouvernement dans l'Allemagne réorganisée », dans lesquels Weber formule la question « des formes d'organisation politique futures[1] ». Étant donné l'« irrésistible marche en avant de la bureaucratisation », cette question se décline en trois articles, dans l'énoncé desquels se trouvent consignés à la fois un diagnostic (pessimiste) sur les tendances à l'œuvre dans les sociétés occidentales modernes, et les tâches qui incombent à l'homme politique libéral ou démocrate face à cet état de chose. Comment sauver « d'une manière ou d'une autre les derniers restes d'une liberté de mouvement "individualiste", quel que soit le sens que l'on donne à cette expression » ? Comment assurer l'existence de puissances qui s'opposent au « monstrueux sur-pouvoir » des fonctionnaires, et rendent ainsi possible la démocratie, « même dans cette acception restreinte » ? Comment, enfin, permettre que soit réalisé ce que la bureaucratie ne fait pas, c'est-à-dire : où et comment promouvoir la liberté d'initiative et la responsabilité qui va avec celle-ci,

1. *MWS* I/15, p. 223.

lesquelles, pour des raisons structurelles, sont étrangères à un corps de fonctionnaires ?

Ce diagnostic et ces tâches peuvent s'interpréter comme concernant spécifiquement l'Allemagne des vingt premières années du XXe siècle. Le texte dans lequel ils sont énoncés débute par une première partie consacrée à l'« héritage de Bismarck », dans laquelle Weber reproche à celui-ci (malgré l'admiration qu'il professe à son égard) d'avoir empêché l'affirmation auprès de lui de personnalités politiques d'envergure, ainsi que la constitution d'un parlement capable d'un travail effectif. Ces carences ont eu pour conséquence, une fois Bismarck évincé du pouvoir, la mainmise des fonctionnaires sur la réalité du pouvoir. C'est à cette situation, où le poids des bureaucraties militaire et civile ne rencontrait aucune résistance de la part d'une classe politique inexistante ou falote, que serait imputable pour l'essentiel, selon Weber encore, la manière dont la guerre a été conduite – et perdue – par les pouvoirs politique et militaire allemands. Pourtant, l'enjeu de l'opposition entre l'éthos du fonctionnaire et celui de l'homme politique authentique déborde largement l'histoire de l'Allemagne dans les trois décennies qui ont suivi le départ de Bismarck (1890). En interprétant la constitution d'un corps de fonctionnaires dotés d'une formation technique confirmée (c'est-à-dire sanctionnée par un examen) comme l'un des phénomènes décisifs dans lesquels se manifeste la rationalisation de la politique, Weber confère aux difficultés politiques de l'Allemagne de son temps une signification que, dans le vocabulaire de la philosophie, l'on pourrait dire « épochale ». Ce n'est pas dans la seule Allemagne des années 1910, mais dans l'État moderne en général, que « la véritable domination, qui s'exerce non pas dans les discours parlementaires ou les déclarations de monarques, mais dans le maniement de l'administration au quotidien, est nécessairement et inévitablement aux mains des fonctionnaires[1] ». Cette

1. *Ibid.*, p. 212.

domination par une bureaucratie, certes compétente, mais incapable de la responsabilité qu'engage une décision, est le destin de *tous* les États modernes.

Weber n'instruit donc pas le procès des fonctionnaires allemands de son temps, il n'instruit pas même le procès des fonctionnaires en général. Au contraire : les passages ne manquent pas où il fait l'éloge de la compétence et de la probité des fonctionnaires. Weber est sincère quand il vante, contre le dilettantisme de la domination des notables ou des « chasseurs de poste » du système américain, la « compétence professionnelle spécialisée » et le « sens de l'honneur » des fonctionnaires du Reich[1]. Et il est intimement persuadé que cette compétence et ce sens de l'honneur sont précisément liés à la formation que reçoivent les fonctionnaires, et à laquelle ils doivent leur statut particulier. Lorsqu'il critique la politique du gouvernement allemand durant les années de guerre, il ne met pas en cause des comportements blâmables, d'individus ou de couches sociales particulières, et il ne conteste pas non plus l'utilité et la nécessité des fonctionnaires lorsque, élargissant la portée du diagnostic, il anticipe pour les sociétés modernes l'avenir peu attrayant de cet « habitacle d'acier[2] » dans laquelle viendront se perdre jusqu'aux derniers restes de la liberté de décision humaine. Ce qu'il décrit, et à quoi il impute le pouvoir croissant des fonctionnaires, relève de la logique des structures et non des faiblesses des personnes : l'efficacité de l'organisation bureaucratique (dans l'entreprise, dans l'armée, dans l'État, etc.) repose sur la hiérarchie et la discipline. Obéir aux ordres communiqués par

---

1. Outre le texte cité en note, *infra*, p. 137, *cf.* « *Parlament und Regierung* » (« Parlement et gouvernement »), *MWS* I/15, p. 223 : « Depuis le départ du prince Bismarck, l'Allemagne a été dirigée par des "fonctionnaires" (au sens intellectuel du terme) parce que Bismarck avait éliminé de son entourage toutes les têtes politiques. L'Allemagne conservait encore une bureaucratie civile et militaire d'une intégrité, d'une culture, d'une conscience professionnelle et d'une intelligence la plaçant au premier rang dans le monde. »
2. *Cf. EP*, p. 301.

les instances supérieures, et assurer que ces ordres aboutissent de la manière la plus satisfaisante possible, constitue donc l'honneur propre du fonctionnaire. Cette discipline nécessaire n'est pas contradictoire avec une éthique, mais cette éthique précisément n'est pas celle de l'homme politique dans la mesure où elle implique, de la part du fonctionnaire, de renoncer à la liberté de décision, et du même coup à la responsabilité personnelle pour les actes effectués dans le cadre de ses fonctions.

On comprend ainsi pourquoi Weber a pu être tenté de nommer « éthique du pouvoir » ce qu'il a finalement appelé « éthique de la responsabilité ». Avant d'aborder, vers la fin de la conférence, le conflit entre politique des principes et politique réaliste, il a d'abord stylisé la responsabilité de l'homme politique par contraste avec celle du fonctionnaire. Et il ne s'agissait pas alors d'opposer la responsabilité à son absence (comme plus tard dans les pages consacrées au syndicaliste ou au pacifiste inconditionnel), mais de distinguer deux types de responsabilités, également honorables, également nécessaires, mais essentiellement différentes. Le type de responsabilité que Weber exige de l'homme politique véritable ne se comprend que sur le fond de cette situation culturelle qu'il décrit dans la conférence sur le savant en évoquant le polythéisme des valeurs, produit du « désenchantement du monde[1] ». C'est parce que les fins de la politique ne sont pas données, par la religion ou par la coutume, qu'il revient de les déterminer à celui qui s'aventure à « introduire la main dans les rayons de la roue de l'histoire[2] ». Mais c'est aussi parce que son action n'a de sens qu'au regard des fins qu'il pose librement que cet homme politique ne peut être indifférent aux conséquences effectives de cette action, ni se défausser, quand ces conséquences ne sont pas celles qu'il avait laissé espérer à ceux qui lui ont fait confiance, en invo-

1. *Cf. infra*, p. 97.
2. *Cf. infra*, p. 182.

quant, comme le partisan de l'éthique de la conviction, les desseins impénétrables de la divinité ou la bêtise et la méchanceté des hommes.

« *The last real classical political thinker* »

On sait que Weber a rêvé parfois de jouer un véritable rôle politique, et qu'il a même envisagé, en 1918, une candidature au Reichstag, sur une liste du Parti démocratique allemand. Wolfgang Mommsen relate la manière dont cette tentative avorta, en grande partie du fait des erreurs tactiques de Weber[1]. En affirmant, dans la *Remarque préliminaire* à « Parlement et gouvernement dans l'Allemagne réorganisée », qu'il n'était pas un homme politique actif ni n'avait l'intention de le devenir, Weber ne disait peut-être qu'une partie de la vérité. Il est plus exact de dire qu'il ne pouvait l'être, dans la mesure où, comme le remarque Wolfgang Schluchter[2], il n'avait pas les qualités d'un homme politique professionnel : son besoin d'indépendance, tant à l'égard de la discipline de parti que par rapport à l'opinion publique, excédait ce que le jeu de la politique autorise. En définitive, malgré tous ses efforts pour appréhender la politique dans sa réalité la plus prosaïque, les normes auxquelles il prétend soumettre l'action de l'homme politique « authentique » inscrivent son discours dans la filiation de la philosophie politique, plutôt que dans les sciences politiques en leur figure actuelle. Wilhelm Hennis, qui milite aujourd'hui encore, et à contre-courant, pour une conception de la science politique inspirée de la tradition classique de la philosophie pratique, a de bonnes raisons de vouloir y inclure Weber. La thèse implique, il est vrai, que la pensée politique de Weber clôt une tradition plutôt qu'elle n'inaugure une science nouvelle. Il conviendrait de voir en lui, dans la lignée de Machiavel, des fédéralistes, de

---

1. *Cf.* W. MOMMSEN, *Max Weber et la politique allemande*, *op. cit.*, p. 387-396.
2. *Cf. MWG* I/17, *Einleitung*, p. 18-19,

Rousseau et de Tocqueville, « *the last real classical political thinker*[1] ». Je ne sais si, comme Hennis en avance l'hypothèse, Weber a lu Thucydide[2]. Mais il est certain qu'il a lu Machiavel, et qu'il l'a lu comme il a lu Thucydide, s'il l'a fait, c'est-à-dire comme un classique de la philosophie pratique, auquel il empruntait sans doute l'idée selon laquelle les moyens de la politique incluent inévitablement la violence[3], mais aussi l'éloge des citoyens de Florence qui préféraient la grandeur de leur cité au salut de leur âme[4]. On peut certes ne voir dans cette référence qu'une manière élégante d'habiller le nationalisme dont Weber n'a cessé de se réclamer. Mais elle est aussi, sans aucun doute, l'expression d'un postulat éthique commun à la plupart des grands auteurs de la philosophie pratique, selon lequel l'engagement dans la politique implique de faire passer le bien commun avant les intérêts personnels. Que Weber ait partagé une telle conception de la politique ressort d'une remarque qu'il fait à propos des anciens Grecs (dans la conférence sur la science), dont « la pensée était de part en part politique » en ce sens que la question de savoir « comment agir correctement dans la vie, avant tout en tant que citoyen », l'emportait pour eux sur tout autre intérêt[5].

À l'instar de Machiavel, mais aussi, comme l'on sait, de tous les philosophes qui ont voulu penser la politique, Weber est resté en marge de celle-ci, à la fois parce que les exigences qu'il

---

1. Wilhlem HENNIS, *Max Weber's Central Question* , Threshold Press Ltd, 2000, Appendix: « Political Science as a Vocation. A personal Account », p. 232. (Cet appendice ne figure pas dans l'édition allemande originale : *Max Webers Fragestellung*, Mohr/Siebeck, Tübingen, 1987.) Dans le même sens, du même, *Max Webers Wissenschaft vom Menschen*, Mohr/Siebeck, Tübingen, 1996, p. 101 *et sq*.
2. *Cf. supra*, p. 25, note 1.
3. *Cf. infra*, p. 198-199, un passage dans lequel Weber relativise toutefois le « machiavélisme » de Machiavel en le comparant à certains textes politiques de l'hindouisme.
4. *Cf. infra*, p. 203.
5. *Cf. infra*, p. 86-86. Également, plus allusivement, p. 98.

formulait à son égard étaient trop fortes pour être compatibles avec le fonctionnement ordinaire de celle-ci, et (mais n'est-ce pas la même chose ?) parce que la liberté de parole qu'il revendiquait ne pouvait se concilier avec les logiques partisanes. Comme Machiavel encore (mais aussi, comme Spinoza, Hegel et quelques autres), Weber prétendait pourtant rendre compte de la réalité de la politique, plutôt que de lui opposer une représentation idéalisée de ce qu'elle devrait être[1]. À méditer l'échec politique d'un Weber aussi bien que d'un Machiavel, on découvre que la différence entre l'idéalisme et le réalisme politique, tant qu'elle se joue à l'intérieur de la philosophie pratique, est minime au regard de la distance qui existe entre le philosophe de la politique – ce que Weber, comme Machiavel, demeure – et le politicien de métier. Et si le premier peut jouer un rôle quelconque dans la politique effective, c'est tout au plus celle de critique et de veilleur, qui rappelle sans cesse aux hommes politiques professionnels que le pouvoir est un privilège pour lequel il faut rendre des comptes. Loin d'être un pis-aller, cette fonction critique est au contraire nécessaire au bon fonctionnement de la Cité (on dira aujourd'hui république, ou démocratie). L'autonomie de la science, et singulièrement des sciences politiques et sociales, pourrait bien trouver là sa justification la plus fondamentale.

---

1. Il acquiesçait sans doute à cette remarque que l'on trouve dans *Le Prince* : « Plusieurs se sont imaginé des Républiques et des Principautés qui ne furent jamais vues ni connues pour vraies. Mais il y a si loin de la sorte qu'on vit à celle selon laquelle on devrait vivre, que celui qui laissera ce qui se fait pour cela qui devrait se faire, il apprend plutôt à se perdre qu'à se conserver [...] », MACHIAVEL, *Œuvres complètes*, « Bibliothèque de la Pléiade », Gallimard, 1952, p. 335.

La profession et la vocation de savant

Note éditoriale

Cette conférence a été prononcée le 7 novembre 1917, à Munich, dans le cadre d'une série de conférences organisée par le comité bavarois de l'Association des Étudiants libres (*Freistudentischer Bund. Landverband Bayern*).

Le mouvement des « Étudiants libres » s'est développé vers la fin du XIXe siècle, accompagnant une transformation de l'université allemande marquée par une augmentation importante du nombre des étudiants et une spécialisation croissante des formations distribuées. Les « Étudiants libres » se voulaient une alternative aux corporations étudiantes traditionnelles. Parmi les porte-parole de ce mouvement durant les années 1910, certains (parmi lesquels Alexander Schwab, Walter Benjamin et Hans Reichenbach) contestaient la spécialisation étroite des formations universitaires et, dans la lignée de Gustav Wyneken[1], préconisaient une réforme qui substituerait à la structure hiérarchisée de l'enseignement traditionnel une « communauté » soudée par des liens d'amitié autour d'un « chef » (le professeur), communauté dans laquelle la science ferait l'objet d'une « expérience vécue » (*Erleben*) qui permettrait l'élaboration

1. Gustav WYNEKEN (1875-1964) était un pédagogue réformateur, fondateur de la *Freie Schulgemeinde* (communauté scolaire libre) de Wickersdorf, dont l'esprit antiautoritaire devait permettre la formation d'une « culture de la jeunesse ». Max Weber a manifesté à diverses reprises le peu d'estime qu'il avait à son égard.

d'une « vision du monde » et la promotion de « valeurs intellectuelles ».

La série de conférences organisée par le comité bavarois de l'Association des Étudiants libres, à l'initiative notamment d'Immanuel Birnbaum et de Karl Landauer, était une réaction à un article publié en mai 1917 dans le mensuel *Die Weissen Blätter*, sous le pseudonyme Franz Xaver Schwab (probablement Alexander Schwab). Cet article provocateur, qui allait bien au-delà des positions communes au mouvement des Étudiants libres, dénonçait la menace que la professionnalisation représentait pour le « salut » des jeunes générations. Schwab opposait la plénitude de la Grèce ancienne, où l'activité restait toujours subordonnée à l'objectif de la vie bonne, à la « perversité moderne » du monde bourgeois occidental (européen aussi bien qu'américain) qui ne se soucie plus de justifier les investissements professionnels des individus par des fins qui les transcenderaient. Pour rompre avec cette « perversité », l'article proposait de soumettre l'idée de profession (*Beruf*) à une critique radicale. La réussite professionnelle ne devait plus être considérée « comme un honneur, mais justement et uniquement comme une réussite [...] et parfois même comme une honte[1] ».

Schwab avait particulièrement incriminé la professionnalisation des activités intellectuelles, citant explicitement les artistes, les savants, les médecins, les juges, les employés de l'État et les enseignants. C'est pourquoi la série de conférences organisée en réponse à sa critique portait pour titre général : « Le travail intellectuel comme profession ». Des interventions étaient prévues concernant respectivement les métiers de savant, d'artiste, d'éducateur, d'homme politique.

À la fin du mois de mai, puis à la fin du mois de septembre et au début du moins d'octobre 1917 se tinrent, au château de Lauenstein en Thuringe, deux colloques organisés par Eugen

1. Cité d'après *MWG* I/17, p. 53.

Diederichs, éditeur à Iéna[1]. Le premier était consacré au « sens et [à] la tâche de notre temps », le second au « problème du chef dans l'État et dans notre culture ». Au cours du premier colloque, Max Weber prononça une conférence sur « l'aristocratie de l'esprit et le parlementarisme » ; il ouvrit le second par une conférence traitant de « la personnalité et [des] ordres de vie ». De ces deux interventions ne nous sont parvenus que de brefs comptes rendus rédigés par des auditeurs. Les recoupements thématiques entre le contenu de ces interventions et celui des conférences sur le savant et le politique sont néanmoins manifestes.

Le conférence sur la profession de savant avait été sténographiée. C'est cette sténographie, corrigée et retravaillée par Max Weber, qui a servi de point de départ au texte que nous connaissons sous le titre de *Wissenschaft als Beruf* (« La science comme profession et vocation »). Immanuel Birnbaum avait obtenu l'accord de la maison d'édition Duncker & Humblot pour la publication de l'ensemble des conférences prévues. En définitive, après divers retards et dédits, les deux conférences de Max Weber furent publiées tout d'abord, en même temps (fin juin/début juillet 1919), sous forme de deux fascicules séparés.

---

1. *Cf. infra*, p. 108, note 1.

Je dois parler, pour répondre à votre souhait, de la « science comme vocation-profession[1] ». Or les économistes ont une certaine manie à laquelle je voudrais me tenir. Nous partons toujours des conditions externes, en l'occurrence de la question : comment s'organise la science comme profession, c'est-à-dire au sens matériel du terme « *Beruf* » ? Ce qui signifie aujourd'hui en pratique pour l'essentiel : quelle est la situation d'un étudiant diplômé qui est décidé à se consacrer professionnellement à la science au sein de la vie académique ? Pour comprendre en quoi consiste la particularité des conditions qui sont les nôtres en Allemagne, il est judicieux de procéder de manière comparative et d'aller voir comment cela se passe à l'étranger, là où le contraste, de ce point de vue, est le plus grand par rapport à nous, c'est-à-dire aux États-Unis[2].

Chez nous, comme chacun sait, la carrière d'un jeune homme qui se consacre à la science à titre professionnel débute

---

1. Sur notre traduction du terme « *Beruf* », *cf.* notre préface, p. 22-24.
2. Max Weber avait eu l'occasion de séjourner quatre mois aux États-Unis en 1904, à l'occasion d'un colloque au Congress of Art and Science qui se tenait à Saint-Louis. On lira sur ce voyage le témoignage de Marianne Weber, *in* Marianne WEBER, *Max Weber. Ein Lebensbild*, *op. cit.*, p. 292-317. Un certain nombre des remarques et analyses qui suivent, relatives au système d'éducation américain, s'appuient sur cette expérience directe de la culture américaine.

normalement comme « *Privatdozent* [1]». Il se fait habiliter dans une université, après un entretien et avec l'accord du représentant concerné de la discipline, sur la base d'un livre et d'un examen, la plupart du temps plutôt formel, de la faculté et, sans être rétribué et en recevant pour tout dédommagement l'argent collecté auprès des étudiants[2], il fait des conférences dont il détermine lui-même l'objet dans le cadre de sa *venia legendi*[3]. En Amérique, la carrière commence normalement d'une manière tout à fait différente, à savoir par le recrutement comme « assistant », d'une manière assez proche de celle qui est d'usage chez nous dans les grands instituts des facultés de sciences et de médecine où seule une fraction des assistants cherche à obtenir l'habilitation formelle comme « *Privatdozent* », et souvent seulement assez tard. Ce contraste signifie pratiquement que, chez nous, la carrière d'un homme de science repose dans l'ensemble sur des bases ploutocratiques. Car, pour un jeune savant sans fortune, c'est prendre un risque extraordinaire que de s'exposer aux conditions de la carrière académique. Il lui faut tenir un certain nombre d'années au moins sans savoir le moins du monde s'il aura ensuite la chance d'accéder à une position qui suffise pour subvenir à ses besoins. Aux États-Unis en revanche, nous avons un système bureaucratique. Le jeune homme y est rétribué dès le début. Cette rétribution est modeste, certes (le traitement s'élève la plupart du temps à peine au niveau du salaire d'un ouvrier un peu qualifié), néanmoins il débute avec une position apparemment sûre, puisqu'il reçoit

1. « *Privatdozent* » : titre de l'individu « habilité », intégré dans le corps professoral d'un département universitaire, mais non titulaire d'une chaire, et par conséquent non rémunéré.
2. « *Kolleggeld* » : contributions payées par les étudiants pour les cours et séminaires. Le « *Privatdozent* », ne recevant aucun salaire, était entièrement dépendant pour ses revenus de ces contributions, dont le montant était déterminé par le nombre d'étudiants assistant à ses cours.
3. « *Venia legendi* » : expression latine désignant dans le système des universités allemandes le grade ultime de la hiérarchie académique (lequel permet l'accès aux pleins privilèges du professeur).

une rétribution fixe. Mais la règle est que, de même que nos assistants, il peut être licencié, et il doit s'attendre à l'être souvent sans ménagement s'il ne répond pas à ce que l'on attend de lui. Cette attente se résume à ce qu'il remplisse les salles. C'est quelque chose qui ne peut arriver à un *Privatdozent* allemand. Une fois qu'on l'a, on ne s'en débarrasse plus. Il n'a certes pas de « droits » mais, de façon compréhensible, il considère que, quand il a travaillé durant des années, il jouit d'une sorte de droit moral à ce qu'on ait des égards envers lui. Et cela aussi (c'est souvent important) quand il s'agit de l'habilitation éventuelle d'autres *Privatdozent*. Doit-on par principe habiliter tout individu doté d'une formation universitaire, dans la mesure où ses compétences le légitiment, ou bien doit-on prendre en considération les « besoins de l'enseignement », c'est-à-dire accorder un monopole de l'enseignement aux *Dozenten* qui sont déjà en place ? Cette question est un dilemme embarrassant qui est lié à la double face de la profession académique, sur laquelle nous allons revenir. La plupart du temps, on se décide pour le second terme de l'alternative. Mais cela accroît le danger que le professeur ordinaire[1] concerné, aussi grands que soient ses scrupules, privilégie pourtant ses propres élèves. Personnellement, s'il faut le dire, j'ai suivi le principe selon lequel un étudiant qui avait soutenu sa thèse avec moi devait se faire légitimer et habiliter ailleurs, par un autre que moi. Mais le résultat fut qu'un de mes meilleurs élèves a été éconduit ailleurs parce que personne ne *croyait* en cette explication[2].

Une seconde différence par rapport à l'Amérique est la suivante : chez nous, le *Privatdozent* a généralement *moins* de cours qu'il ne le souhaite. Officiellement, certes, il peut professer tous les cours de sa discipline. Mais cela passe pour un manque

---

1. « *Ordinarius* » : professeur titulaire d'une chaire.
2. Allusion probable au cas de Robert Liefmann (1874-1941). Celui-ci avait obtenu sa « promotion » auprès de Max Weber en 1897. Il essuya ensuite plusieurs refus avant de parvenir à se faire habiliter (en 1900, auprès du professeur Magnus Biermer à Giessen).

d'égards inconvenant envers les *Dozenten* plus anciens, et en règle générale c'est le professeur titulaire de la discipline qui fait les « grands » cours, et le *Dozent* se contente des cours secondaires. L'avantage est que ce dernier dispose, bien que ce soit un peu malgré lui, de ses jeunes années pour le travail scientifique.

En Amérique, l'organisation est radicalement différente. C'est justement durant ses jeunes années que le *Dozent* est absolument surchargé, précisément parce qu'il est *rémunéré*. Dans un département de germanistique, par exemple, le professeur ordinaire fera un cours de trois heures sur Goethe, et c'est tout, tandis que l'assistant plus jeune est heureux s'il se voit attribué, outre le rabâchage de la langue allemande, des auteurs atteignant par exemple le rang de Uhland[1]. Car ce sont les instances administratives de la discipline qui fixent le programme des cours, et l'assistant est ici dans une situation de dépendance, de même que chez nous l'assistant d'un institut.

Mais on peut distinctement observer chez nous que les développements les plus récents de l'université, dans de larges domaines de la science, vont dans le sens de l'université américaine. Les grands instituts de science ou de médecine sont des entreprises relevant du « capitalisme d'État ». Ils ne peuvent être gérés sans des moyens de fonctionnement de grande ampleur. Et on assiste ici au même phénomène que partout où se met en place l'entreprise capitaliste : la « séparation du travailleur d'avec les moyens de production[2] ». Le travailleur, l'assistant donc, doit utiliser les moyens de travail qui sont mis à sa disposition par l'État. Par suite, il est tout aussi dépendant du directeur de l'institut qu'un employé l'est dans une usine – car le directeur de l'institut s'imagine en toute bonne foi que cet

---

1. Friedrich Ludwig Uhland (1787-1862), poète, professeur de littérature à l'université de Tübingen de 1829 à 1833. Politiquement engagé, il siégea à l'Assemblée nationale de Francfort en 1848.
2. Référence aux analyses de MARX, *Le Capital*, livre I, huitième section (« L'accumulation primitive »), chap. XXVI (« Le secret de l'accumulation primitive »), Éd. Sociales, Paris, 1950, p. 154-155.

institut est « son » institut et il y agit à sa guise –, et l'existence de l'assistant est fréquemment aussi précaire que n'importe quelle existence « prolétaroïde » ou que celle de l'assistant de l'université américaine.

Notre vie universitaire en Allemagne s'américanise, de même que notre vie en général, sur des points très importants, et ces transformations, j'en suis persuadé, finiront par atteindre aussi les disciplines dans lesquelles, comme c'est aujourd'hui encore largement le cas dans ma discipline, l'artisan possède lui-même ses moyens de travail (pour l'essentiel, la bibliothèque), comme il en allait dans le passé pour l'artisan dans les métiers. Ces transformations sont en plein essor.

Les avantages techniques sont tout à fait indéniables, comme dans toutes les entreprises capitalistes qui sont en même temps bureaucratisées. Mais l'« esprit » qui règne dans ces entreprises est tout à fait différent de l'atmosphère ancienne des universités allemandes. Il existe un fossé considérable, d'un point de vue externe comme d'un point de vue interne, entre le chef d'une grande entreprise capitaliste de ce type et le professeur ordinaire d'ancien style. Cela est vrai aussi de l'attitude intérieure. Je ne souhaite pas développer ce point ici plus avant. D'un point de vue interne aussi bien qu'externe, l'ancienne *constitution* universitaire est devenue une fiction. Un aspect propre à la *carrière* universitaire demeure pourtant, et il s'est considérablement accentué : le fait qu'un tel *Privatdozent*, ou même un assistant, parvienne un jour à accéder à la position d'un professeur titulaire à part entière, voire à la direction d'un institut, relève tout simplement du *hasard*. Bien sûr, ce n'est pas seulement une affaire de hasard, mais le hasard règne ici à un degré inhabituellement élevé. Je ne connais guère de carrière sur terre où il joue un tel rôle. Je puis d'autant plus me permettre de dire cela que je dois personnellement à quelques hasards absolus d'avoir été jadis, à un très jeune âge, appelé à un poste de professeur ordinaire dans une discipline où, à l'époque, des gens de mon âge avaient indubitablement une œuvre plus importante que la mienne[1]. Et je m'imagine pourtant que, sur la base de cette expérience, je suis particulièrement sensible au sort immérité de tous ceux, nombreux, pour lesquels le hasard a joué et joue encore tout à fait à l'inverse, et qui, malgré leur valeur, ne sont pas parvenus, à l'intérieur de cet appareil de sélection, à la position qu'ils mériteraient.

Le fait que le hasard et non le mérite en tant que tel joue un si grand rôle ne tient pas seulement, et pas même avant tout, aux faiblesses humaines, lesquelles interviennent naturellement dans cette sélection de même que dans toute autre. Il serait injuste, parce que, indéniablement, beaucoup de médiocres jouent un rôle de premier plan dans les universités, d'attribuer la responsabilité de cet état de chose aux insuffisances des personnes dans les facultés ou les ministères. Cela tient au contraire aux lois de l'action conjuguée des hommes, et surtout de l'action conjuguée de plusieurs institutions, dans le cas présent, de l'action conjointe des facultés qui présentent des candidats et des ministères. On trouve un pendant à ce phénomène dans les élections à la papauté, dont nous pouvons suivre la manière dont elles se sont passées au long de nombreux siècles et qui sont l'exemple contrôlable le plus important de ce type de sélection de personnes[2]. Il est rare que le cardinal dont on dit qu'il est le « favori » ait la chance de l'emporter. En règle générale, c'est le candidat qui vient en deuxième ou troisième position. Il en va de même pour le président des États-Unis. Ce n'est qu'exceptionnellement que le tout premier homme, qui est aussi le plus marqué, accède à la « nomination » des conventions de partis, puis aux élections. La plupart du temps c'est le deuxième homme, souvent le troisième. Les Américains ont déjà forgé pour ces catégories des expressions sociologiques techniques, et

1. Max Weber avait juste trente ans quand il fut nommé, en 1894, à une chaire d'« économie politique et science des finances » à l'université de Fribourg. Il avait été habilité en « droit public et privé, droit commercial romain ».
2. Allusion à l'élection des papes par les conclaves.

il serait tout à fait intéressant d'analyser sur ces exemples les lois d'une sélection effectuée par le biais d'une formation collective de volonté. Nous ne le ferons pas aujourd'hui. Mais ces lois valent aussi pour les assemblées des universités, et ce qui est remarquable n'est pas qu'il y ait souvent de mauvais choix, mais au contraire que, néanmoins, en proportion, le nombre des nominations *justes* soit malgré tout très important. Là seulement où, comme dans certains pays, les parlements, ou bien, ainsi qu'il en allait chez nous jusqu'à présent, les monarques (les deux procédures ont des effets tout à fait comparables), ou encore maintenant les détenteurs du pouvoir révolutionnaire interviennent pour des raisons *politiques*, on peut être sûr que des médiocres paresseux ou des arrivistes sont seuls à avoir des chances.

Aucun professeur d'université n'aime se rappeler les discussions liées aux nominations, car elles sont rarement agréables. Et pourtant je peux dire que, dans les nombreux cas qui me sont connus, sans exception, la bonne *volonté*, visant à faire prévaloir des raisons purement objectives, était présente.

Car il faut se rendre compte, en outre, que les insuffisances d'une sélection effectuée par un processus collectif de formation de volonté n'expliquent pas à elles seules le fait que la décision concernant les destins académiques relève si largement du « hasard ». Tout jeune homme qui se sent appelé à devenir un savant doit bien plutôt réaliser que la tâche qui l'attend est double. Il lui faut avoir non seulement les qualifications d'un savant, mais aussi celles d'un enseignant. Or ces deux sortes de qualifications ne coïncident pas du tout. On peut être un savant éminent et un enseignant carrément et terriblement mauvais. Rappelez-vous ce qu'était l'enseignement d'hommes comme Helmholtz[1] ou Ranke[2]. Et ce ne sont pas des exceptions assez rares. Or la situation est telle, aujourd'hui, que nos universités, surtout les petites universités, se font concurrence entre elles, de

---

1. Hermann von Helmholtz (1821-1894), physicien et physiologue.
2. Leopold von Ranke (1795-1886), le plus célèbre historien allemand du XIXe siècle. Enseigne à l'université de Berlin entre 1834 et 1871.

la manière la plus ridicule, pour ce qui est du nombre des étudiants. Les propriétaires immobiliers[1] des villes universitaires organisent des festivités pour le millième étudiant, ils fêtent le deux millième de préférence par une retraite aux flambeaux. Les intérêts liés aux contributions des étudiants[2] – il faut bien souvent l'avouer – sont affectés par une nomination « attractive » dans les disciplines les plus proches. Et même en faisant abstraction de cela, le nombre d'auditeurs est bien un critère d'appréciation quantitativement déterminable, tandis que la qualité d'un savant est impondérable et qu'elle est précisément souvent (et très naturellement) contestée dans le cas de novateurs audacieux. Tout paraît donc commandé la plupart du temps par la bénédiction et la valeur incommensurables que représente un large public. Lorsque l'on dit d'un *Dozent* qu'il est un mauvais enseignant, cela signifie la plupart du temps pour lui un arrêt de mort académique, fût-il le meilleur savant du monde. Mais la question de savoir s'il est un bon ou un mauvais enseignant est tranchée par la fréquentation dont ces messieurs les étudiants l'honorent. Or c'est un fait que l'affluence des étudiants auprès d'un enseignant est déterminée pour la plus large part par des circonstances purement extérieures, telles que le tempérament, voire la capacité oratoire, à un point difficile à croire. Me fondant sur des expériences tout de même assez nombreuses et sur une réflexion lucide, j'entretiens une profonde méfiance à l'égard des cours de masse, aussi inévitables qu'ils soient certainement. Laissons la démocratie là où elle est à sa place. Mais nous ne devons pas nous cacher que la formation scientifique telle que nous devons la pratiquer dans les universités allemandes, selon la tradition de ces universités, est une affaire d'*aristocratie de l'esprit*. Certes, il est vrai par ailleurs que l'exposé de problèmes scientifiques sous une forme telle

---

1. « *Hausagrarier* » : l'expression, rare et désuète, semble avoir désigné les membres d'associations de propriétaires fonciers résidant en ville, qui défendaient avec énergie leurs intérêts.
2. *Cf. supra*, p. 68, note 2.

que les comprenne un individu dépourvu de formation, mais réceptif, et qu'il parvienne en outre à une pensée autonome (ce qui est pour nous le seul élément décisif) est peut-être la tâche pédagogique la plus difficile de toutes. C'est certain, mais ce n'est pas le nombre d'auditeurs qui décide de sa réussite. Et, pour revenir à notre thème, cet art est précisément une affaire de don personnel et ne coïncide pas du tout avec les qualités scientifiques d'un savant. À la différence de la France, nous n'avons pas de corporation des « immortels » de la science, mais, conformément à notre tradition, les universités doivent répondre aux deux exigences de la recherche et de l'enseignement. Que les capacités pour l'une et l'autre se rencontrent chez un même homme est totalement fortuit.

La vie universitaire est donc livrée à un hasard sauvage. Quand de jeunes savants viennent demander des conseils pour leur habilitation, prendre la responsabilité de les encourager est presque impossible. S'agit-il d'un juif, on lui dit naturellement : *lasciate ogni speranza*[1]. Mais pour tout autre aussi, l'on doit s'adresser à sa conscience : croyez-vous que vous supporterez que, année après année, un médiocre après l'autre vous passe devant, sans vous aigrir et vous consumer ? À chaque fois l'on s'entend bien entendu répondre : naturellement, car je ne vis que pour ma « vocation ». Mais, pour ma part du moins, j'en connais très peu qui aient supporté cela sans dommages intimes.

Voilà tout ce qu'il m'a semblé nécessaire de dire sur les conditions extérieures de la profession de savant.

Mais je crois que vous voulez en vérité entendre parler d'autre chose, à savoir de la vocation[2] *intérieure* pour la science.

---

1. *Lasciate ogni speranza* : « Abandonnez toute espérance ». Il s'agit du dernier vers de l'inscription figurant au-dessus des portes de l'enfer, dans *La Divine Comédie* de Dante. L'accès des juifs à la carrière académique n'était pas interdit, mais la nomination d'un juif à un poste de professeur ordinaire était extrêmement rare.
2. Weber abandonne maintenant le sens « matériel » du terme *Beruf*, dont il a traité jusqu'à présent, pour son sens spirituel et éthique. *Cf.* notre préface, p. 23-24.

À l'époque actuelle, la condition intérieure par rapport à l'entreprise de la science comme profession-vocation est déterminée tout d'abord par le fait que la science est entrée dans un stade de spécialisation jusqu'alors inconnu, et qu'il en sera ainsi pour toutes les époques à venir. Non seulement du point de vue des conditions extérieures de la science, mais précisément du point de vue de ses conditions intérieures, la situation se présente comme suit : l'individu ne peut s'assurer de réaliser quelque chose de véritablement et pleinement achevé dans le domaine scientifique que dans le cas de la plus rigoureuse spécialisation. Tous les travaux qui empiètent sur les domaines voisins, comme nous en faisons à l'occasion et comme les sociologues, par exemple, doivent nécessairement toujours en faire, sont obérés par la conscience résignée que l'on peut tout au mieux offrir au spécialiste des questionnements utiles, dont lui-même n'a pas si facilement l'idée à partir de son point de vue de spécialiste, mais que notre propre travail doit inévitablement rester très inachevé[1]. C'est uniquement grâce à une spécialisation rigoureuse que le travailleur scientifique peut effectivement atteindre la pleine certitude, une fois dans sa vie, et peut-être plus jamais, d'avoir accompli quelque chose qui *durera*. Une œuvre vraiment définitive et de bonne qualité est aujourd'hui toujours une œuvre de spécialiste. Que se tienne donc éloigné de la science celui qui ignore la capacité de se mettre une fois pour toutes en quelque sorte des œillères, et de se laisser emporter par l'idée que le destin de son âme dépend de savoir si la conjecture qu'il fait à tel endroit de tel manuscrit est exacte. Jamais il n'éprouvera en lui ce que l'on peut nommer l'« expérience vécue » (*Erlebnis*[2]) de la science. Quiconque

---

1. Allusion aux problèmes de méthode que Weber rencontrait lui-même dans le projet de sociologie comparative des religions. *Cf.* notre préface, p. 28-29

2. En utilisant le terme « *Erlebnis* » (expérience vécue), Weber fait une allusion ironique à certains conceptions philosophiques répandues à son époque (*cf. supra*, la note éditoriale, p. 63). Il y revient un peu plus loin dans le texte, *cf. infra*, p. 89.

ignore cette ivresse étrange, qui fait sourire tout observateur extérieur, cette passion, cette conviction que « des millénaires devaient s'écouler, avant que tu ne viennes à la vie, et d'autres millénaires attendent en silence[1] » de savoir si tu parviendras à faire cette conjecture, n'a pas la vocation de savant ; qu'il fasse quelque chose d'autre. Car, pour l'homme en tant qu'homme, rien de ce qu'il pourrait faire sans passion n'a de valeur.

Mais c'est un fait que, quelle que soit l'intensité de cette passion, aussi authentique et aussi profonde qu'elle puisse être, le résultat est loin encore de se laisser forcer. La passion, certes, est une condition préalable pour ce qui est décisif : l'« inspiration ». Il est vrai qu'aujourd'hui l'idée est très répandue, parmi les cercles de la jeunesse, que la science est devenue un problème d'arithmétique, concocté dans des laboratoires ou des bureaux de statistiques en ayant recours seulement au froid entendement, comme « dans une usine », et non avec toute son « âme ». Il faut remarquer à ce propos que, la plupart du temps, l'on n'a pas la moindre notion claire de ce qui se passe dans une usine ou dans un laboratoire. Ici comme là, l'homme doit *avoir une idée*, et l'idée juste, pour produire quoi que ce soit de valable. Or cette idée ne se laisse pas forcer, et elle n'a rien à voir avec un froid calcul, quel qu'il soit. Certes, ce calcul aussi est une condition préalable dont on ne peut se passer. Tout sociologue par exemple ne doit pas se sentir déshonoré, même sur ses vieux jours, d'avoir en tête, peut-être des mois durant, des dizaines de milliers d'exemples numériques tout à fait triviaux[2]. On ne cherche pas impunément à se décharger totalement de cette obligation en ayant recours à des auxiliaires mécaniques, si l'on

---

1. Également *in Zur Lage der bürgerlichen Demokratie in Russland* (*MWG* I/10, p. 101). La citation est attribuée par Weber à Carlyle.
2. Weber peut s'appuyer ici sur sa propre expérience : pour rédiger la « Psychophysique du travail industriel », il avait dû, selon son propre témoignage, parcourir « 50 000 exemples numériques en six semaines ». (*Cf.* lettre à Paul Siebeck du 8 janvier 1909, citée *in MWG* I/17, p. 82, note 83.)

veut parvenir à en tirer quelque chose. Et ce à quoi l'on parvient finalement est souvent infime. Mais si ce sociologue n'a pas d'« idée » déterminée sur l'orientation de ses calculs et, pendant qu'il s'y livre, sur la portée des résultats particuliers qui en ressortent, il n'atteint pas même cet infime. Ce n'est que sur la base d'un travail extrêmement dur que se prépare normalement le surgissement de l'idée. Certes, ce n'est pas toujours le cas. L'idée d'un dilettante peut avoir d'un point de vue scientifique exactement la même portée, ou une portée plus grande, que celle du spécialiste. Nous sommes redevables à des dilettantes, justement, de beaucoup de nos meilleurs questionnements et de nos meilleures connaissances. Le dilettante se distingue du spécialiste – comme Helmholtz l'a dit de Robert Mayer – seulement en cela qu'il lui manque la solide garantie de la méthode de travail, et qu'il n'est par conséquent pas en état, la plupart du temps, de contrôler après coup la portée de l'idée et de l'évaluer ou de la mener à son terme. L'idée ne remplace pas le travail. Et le travail de son côté ne peut remplacer ou forcer l'idée, aussi peu que le fait la passion. L'un et l'autre – surtout, les deux *ensemble* – attirent l'idée. Mais celle-ci vient quand il lui plaît, et non quand il nous plaît. Il est vrai, de fait, que les meilleures idées vous viennent, comme l'a décrit Ihering[1], en fumant un cigare sur un canapé, ou comme Helmholtz l'indique avec une précision scientifique, s'agissant de lui[2], lors d'une promenade sur une route qui monte lentement, ou de manière analogue, en tout cas lorsque l'on ne l'attend pas, et non pendant que l'on rumine et que l'on cherche à sa table de travail. Cependant ces idées ne nous seraient pas venues si l'on n'avait pas auparavant

---

1. Robert Mayer (1814-1878), médecin et physicien, inventeur de la loi de conservation de l'énergie.
2. Rudolf von Ihering (1818-1892), juriste, ami de Max Weber. La référence va au texte : *Scherz und Ernst in der Jurisprudenz. Eine Weihnachtsgabe für das juristische Publikum* (« De l'humour et du sérieux dans la théorie juridique. Un cadeau de Noël pour le public des juristes »), Breitkopf und Härtel, Leipzig, 1909, p. 125 *et sq.*

ruminé à sa table de travail et si l'on n'avait pas passionnément interrogé. Quoi qu'il en soit, le travailleur scientifique doit s'accommoder aussi de ce hasard qui accompagne de façon souterraine tout travail scientifique : l'inspiration viendra-t-elle, ou pas ? On peut être un travailleur remarquable et n'avoir pourtant jamais eu en propre une idée qui présente un intérêt. C'est cependant une erreur grave que de croire qu'il n'en est ainsi que pour la science, et qu'il en aille autrement, par exemple, à un comptoir ou dans un laboratoire. Un commerçant ou un gros industriel dépourvu d'« imagination commerçante », c'est-à-dire sans idées, sans intuitions géniales, ne sera sa vie durant qu'un homme qui aurait mieux fait de rester commis ou employé technique. Jamais il ne concevra des formes d'organisation nouvelles. Contrairement à ce que s'imagine la fatuité des savants, l'inspiration ne joue nullement un rôle plus grand dans l'ordre de la science que dans celui de la maîtrise de problèmes de la vie pratique par un entrepreneur moderne. Et elle n'y joue pas d'autre part (ce que l'on méconnaît souvent) un moindre rôle que dans l'ordre de l'art. C'est une représentation puérile que de croire qu'un mathématicien parvient à des résultats scientifiquement intéressants assis à son bureau, avec une règle ou d'autres moyens mécaniques, ou encore une machine à calculer. L'imagination mathématique d'un Weierstrass[1] est naturellement orientée, quant à son sens et à son résultat, sur tout autre chose que celle d'un artiste et elle est, du point de vue qualitatif, fondamentalement différente de cette dernière. Mais elle ne l'est pas du point de vue du procès psychologique. L'une et l'autre relèvent de l'ivresse (au sens de la « *mania* » de Platon[2]) et de l'« inspiration ».

Or le fait que quelqu'un connaisse l'inspiration scientifique dépend de conditions contingentes, qui nous sont cachées, et cela dépend en outre des « dons ». Mais cette vérité indubitable

---

1. Karl Weierstrass (1815-1897), mathématicien. Ses travaux concernent l'analyse mathématique.
2. *Cf.* PLATON, *Phèdre*, 244a-245b.

a largement contribué à la formation d'une attitude, très populaire précisément, de façon tout à fait compréhensible, auprès de la jeunesse, qui consiste à se mettre au service de quelques idoles dont nous voyons le culte se répandre aujourd'hui à tous les coins de rue et dans tous les journaux. Ces idoles sont la « personnalité » et le « vécu » (*das Erleben*[1]). L'un et l'autre sont étroitement liés. L'idée règne selon laquelle le vécu est ce qui fait la personnalité et qu'il n'y a pas de personnalité sans vécu. On s'acharne à éprouver des « expériences vécues », car cela est supposé requis pour une conduite de vie conforme au statut (*Standesmässig*[2]) d'une personnalité, et si l'on n'y parvient pas, il faut au moins faire comme si l'on possédait ce don de la grâce. Jadis, on nommait ce « vécu », en bon allemand, « sensation ». Quant à ce qu'est et ce que signifie être une « personnalité », l'on en avait, je crois, une idée plus exacte.

Chers auditeurs ! Dans le domaine scientifique, seul celui qui est *exclusivement au service de sa cause* a de la « personnalité ». Et ce n'est pas seulement dans le domaine scientifique qu'il en est ainsi. Nous ne connaissons aucun grand artiste qui ait fait quelque chose d'autre que de servir sa cause, et elle seulement. Même une personnalité du rang de Goethe, dans la mesure où son art est concerné, a dû payer le fait d'avoir pris la liberté de vouloir faire de sa « vie » une œuvre d'art[3]. Même si l'on en doute, il faut en tout cas être justement un Goethe pour pouvoir se permettre cela. Et chacun accordera au moins que, même quelqu'un comme lui, un homme comme il n'y en a que tous les mille ans, a eu à en payer le prix. Il n'en va pas autrement en politique, ce dont je ne parlerai pas aujourd'hui. Mais, dans le domaine de la science, on ne peut

---

1. *Cf. supra*, p. 76, note 2.
2. Sur la traduction du terme « *Stand* » et de ses composés, *cf. infra*, p. 124, note 2.
3. Allusion probable aux analyses de Wilhelm DILTHEY, « Goethe und die dichterische Phantasie », *in Das Erlebnis und die Dichtung*, B.G. Teubner, Leipzig, 1921, p. 175-267.

certainement pas parler de « personnalité » à propos d'un individu qui, tel un imprésario de la cause à laquelle il devrait se consacrer, se met en scène et voudrait se légitimer par le « vécu », et qui se demande : comment prouver que je suis autre chose qu'un simple « spécialiste », comment faire pour dire quelque chose qui, dans la forme ou quant au fond, n'a jamais été dit par personne de la manière où je le dis ? Cette attitude est aujourd'hui un phénomène massif, qui donne partout une impression de mesquinerie et qui rabaisse celui qui s'interroge ainsi, au lieu de se consacrer de tout son être à sa tâche, et à elle seulement, et de s'élever ainsi au niveau de la cause qu'il prétend servir, en s'en montrant digne. Il n'en va pas non plus autrement de l'artiste.

Ces conditions préalables de notre travail, que nous partageons avec l'art, sont cependant soumises à un destin qui les distingue profondément du travail artistique. Le travail scientifique est emporté dans le déroulement du *progrès*. Dans le domaine de l'art en revanche, il n'y a pas de progrès en ce sens. Il n'est pas vrai qu'une œuvre d'art provenant d'une époque qui a acquis de nouveaux moyens techniques ou découvert, par exemple, les lois de la perspective, soit pour cette raison supérieure, d'un point de vue purement artistique, à une œuvre d'art totalement ignorante de ces moyens et de ces lois, du moins *si* cette œuvre est bien conçue, du point de vue matériel et formel, c'est-à-dire si elle a choisi et donné forme à son objet comme il fallait le faire, selon les règles de l'art, sans recourir à ces conditions et à ces moyens. Une œuvre d'art véritablement accomplie n'est jamais dépassée, elle ne vieillira jamais. L'individu peut apprécier diversement l'importance qu'elle a pour lui personnellement. Mais personne ne pourra jamais dire d'une œuvre qui est véritablement « accomplie » d'un point de vue artistique, qu'elle est « dépassée » par une autre œuvre qui représente, elle aussi, une œuvre accomplie. En science au contraire, chacun d'entre nous sait que le produit de son travail sera caduc dans dix, vingt, cinquante ans. C'est le destin, c'est même le sens du travail de la science, destin et sens auxquels elle est soumise et assujettie en un sens tout à fait spécifique par rapport à tous les autres éléments de la culture pour lesquels ce destin existe aussi par ailleurs : tout « accomplissement » scientifique implique de nouvelles « questions », il *demande* à être « dépassé » et à vieillir. Quiconque veut servir la science doit s'en accommoder. Des travaux scientifiques peuvent certes conserver une importance durable, soit qu'ils procurent du plaisir en raison de leur qualité artistique, ou qu'ils servent de moyen pour la formation au travail scientifique. Mais, encore une fois, être dépassé d'un point de vue scientifique n'est pas seulement notre destin à tous, mais c'est aussi notre but à tous. Nous ne pouvons pas travailler sans espérer que d'autres iront plus loin que nous. En principe, ce progrès se poursuit à l'infini. Nous en arrivons ainsi au *problème du sens* de la science. Car il ne va pas de soi, malgré tout, que quelque chose qui est soumis à une pareille loi possède en soi sens et raison. Pourquoi fait-on quelque chose qui ne parvient jamais, et ne peut parvenir à son terme dans la réalité ? On le fait tout d'abord pour des buts pratiques, au sens le plus large du terme, c'est-à-dire techniques : pour pouvoir orienter notre action pratique en fonction des attentes que l'expérience scientifique nous assure. Soit. Cela n'a cependant de sens que pour celui qui est tourné vers l'action pratique. Mais quelle est la position intérieure de l'homme de science lui-même à l'égard de sa profession-vocation, à supposer qu'il s'enquière de celle-ci ? Il affirme s'occuper de la science « pour elle-même », et non pas seulement pour les réussites commerciales ou techniques que d'autres peuvent obtenir grâce à elle : se mieux nourrir, habiller, éclairer, gouverner. Mais que croit-il produire de sensé avec cela, avec ces créations toujours condamnées à vieillir, en se laissant ainsi atteler à cette entreprise, divisée en spécialités, qui se poursuit à l'infini ? Cette question exige quelques considérations générales.

Le progrès scientifique est un fragment, et le fragment le plus important, de ce procès d'intellectualisation auquel nous sommes assujettis depuis des millénaires et à l'égard duquel il est usuel aujourd'hui d'adopter une position extraordinairement négative.

Faisons-nous une idée claire, tout d'abord, de ce que signifie pratiquement en fait cette rationalisation par la science et par la technique guidée par la science. Cela signifie-t-il que chacun de nous aujourd'hui, par exemple chacun de ceux qui sont assis dans cette salle, a une meilleure connaissance des conditions de vie dans lesquelles il existe qu'un Indien ou un Hottentot ? On l'accordera difficilement. Quand l'un de nous voyage en tramway, il n'a pas la moindre idée (s'il n'est pas physicien professionnel) de la manière dont le tramway parvient à se mettre en marche. Il n'a pas besoin non plus de savoir quoi que ce soit à ce propos. Il lui suffit de pouvoir « compter » sur le fonctionnement du tramway, il oriente son comportement en fonction de cette attente. Mais comment construit-on un tramway de telle sorte qu'il se meuve, il n'en sait rien. Le sauvage en sait infiniment plus sur ses instruments. Quand nous dépensons de l'argent aujourd'hui, je parie que, même s'il y a des collègues spécialistes d'économie politique dans la salle, presque chacun proposera une réponse différente à la question : qu'est-ce qui fait que l'argent peut acheter quelque chose, tantôt plus, tantôt moins ? Le sauvage sait comment il fait pour se procurer sa nourriture quotidienne, et quelles institutions lui servent pour cela. L'intellectualisation et la rationalisation croissantes *ne signifient donc pas* une connaissance générale toujours plus grande des conditions de vie dans lesquelles nous nous trouvons. Mais elles signifient quelque chose d'autre : le fait de savoir ou de croire que, si on le *voulait* seulement, on *pourrait* à tout moment l'apprendre, qu'il n'y a donc en principe aucune puissance mystérieuse et imprévisible qui entre en jeu, que l'on peut bien plutôt *maîtriser* toute chose (en principe) par le *calcul*. Mais cela signifie : le désenchantement du monde[1]. Nous

---

1. Sur le thème du « désenchantement du monde », voir aussi *SR*, p. 380 et 448.

n'avons plus, comme le faisait le sauvage pour lequel de telles puissances existaient, à recourir à des moyens magiques pour maîtriser les esprits ou les solliciter. Bien plutôt, des moyens techniques et le calcul sont disponibles à cet effet. C'est cela, avant tout, que signifie l'intellectualisation en tant que telle.

Mais ce procès de désenchantement qui s'est poursuivi durant des millénaires dans la culture occidentale, et de façon générale ce « progrès » auquel appartient la science comme élément et comme moteur, a-t-il donc un sens quelconque qui aille au-delà de cette dimension purement pratique et technique ? Cette question est posée de la manière la plus radicale dans les œuvres de Léon Tolstoï. Il y est arrivé d'une curieuse manière. Tous les problèmes sur lesquels il ruminait tournaient de plus en plus autour de la question de savoir si le phénomène de la *mort* a ou non un sens. Et sa réponse est la suivante : pour l'homme civilisé (*Kulturmensch*[1]), non[2]. Et cela pour la raison que la vie de l'individu civilisé, emporté dans le « progrès », dans l'infini, ne devrait pas avoir de terme du point de vue de sa signification immanente propre. Car il y a toujours encore un progrès ultérieur à venir pour celui qui participe à ce procès. Aucune personne, quand elle meurt, n'a atteint le sommet, lequel se trouve à l'infini. Abraham ou n'importe quel paysan des temps anciens mourait « vieux et rassasié de la vie[3] » parce qu'il se tenait dans le cycle organique de la vie, parce que sa vie, du point de vue de son sens également, lui avait apporté à la fin de ses jours tout ce qu'elle pouvait offrir, parce qu'il ne restait plus pour lui d'énigmes qu'il souhaitât résoudre et que pour cette raison il pouvait

---

1. L'expression « *Kulturmensch* » s'inscrit, au début du XXe siècle en Allemagne, dans une série sémantique (comprenant par exemple les expressions « *Kulturleben* », « *Kulturwissenschaft* », « *Kulturstaat* », « *Kulturvolk* ») dans lesquelles Weber puise de façon sélective. Une analyse détaillée de ses choix et de ses usages des termes retenus permettrait de préciser la nature de son « culturalisme ».
2. Référence à TOLSTOÏ, *Trois morts* et *La Mort d'Ivan Illitch*, édition de François Flamant, Gallimard, Paris, 1997.
3. Référence biblique, *Moïse*, 25, 8.

en avoir « assez ». Mais un homme civilisé (*Kulturmensch*), emporté par l'enrichissement continuel de la civilisation en idées, savoirs, problèmes, peut se « fatiguer » de la vie, mais il ne peut en être rassasié. Car, de ce que la vie de l'esprit ne cesse de produire de nouveau, il n'attrape que la part la plus infime, et il s'agit toujours de quelque chose de seulement provisoire, rien n'est définitif. Et c'est pourquoi la mort est pour lui un événement dépourvu de sens. Et parce que la mort est dépourvue de sens, la vie civilisée (*Kulturleben*) en tant que telle l'est aussi, puisque c'est elle précisément qui, du fait de la « progressivité » dépourvue de sens qui est sienne, confère à la mort le caractère de l'absurde. Cette idée se rencontre partout dans les derniers romans de Tolstoï et elle donne sa tonalité fondamentale à son art.

Quelle position adopte-t-on face à cette situation ? Le « progrès » en tant que tel a-t-il un sens reconnaissable, au-delà de la technique, de telle sorte que le servir serait une vocation sensée ? La question doit être posée. Mais ce n'est plus la question de la vocation *pour* la science, donc le problème de la signification que possède la science, en tant que vocation, pour celui qui s'y consacre, mais c'est déjà une autre question, qui est de savoir quelle est la *vocation de la science* au sein de l'ensemble de la vie de l'humanité, et quelle est sa valeur.

Or le contraste entre le passé et le présent est ici immense. Rappelez-vous le merveilleux tableau qui se trouve au début du septième livre de la *République* de Platon[1] : ces hommes des cavernes ligotés dont le visage est tourné vers la paroi rocheuse qui leur fait face, tandis que derrière eux se trouve la source de lumière qu'ils ne peuvent pas voir. Ils ne s'occupent par suite que des ombres que la lumière projette sur le mur, et ils cherchent à saisir leur cohérence. Jusqu'au moment où l'un d'entre eux réussit à faire sauter ses liens : il se retourne et il aperçoit le soleil. Aveuglé, il tâtonne autour de lui et il bredouille à propos de ce qu'il voit. Les autres croient qu'il est fou. Mais peu à

1. PLATON, *République*, 541a-517a.

peu, il s'habitue à regarder la lumière et sa tâche est alors de redescendre auprès des hommes des cavernes et de les emmener vers la lumière. Cet homme est le philosophe, et le soleil est la vérité de la science, laquelle ne cherche pas à attraper des fantasmes et des ombres, mais l'être véritable.

Qui, aujourd'hui, entretient un tel rapport à la science ? Le sentiment qui règne aujourd'hui, précisément dans la jeunesse, est bien plutôt inverse : les formes idéelles de la science sont un arrière-monde d'abstractions artificielles qui cherchent à capturer de leurs mains sèches la sève de la vie réelle sans pourtant jamais l'atteindre. Mais c'est ici, dans la vie, dans ce qui était pour Platon le jeu d'ombres sur les murs de la caverne, que pulse le cœur de la réalité véritable ; le reste, ce sont des fantômes qui en sont tirés, des fantômes dépourvus de vie, et rien d'autre. Comment cette transformation s'est-elle accomplie ? L'enthousiasme passionné de Platon dans la *République* s'explique en dernière instance par le fait qu'à l'époque, pour la première fois, l'on venait de prendre conscience du sens d'un des grands moyens de toute connaissance scientifique, à savoir le *concept*. Il revient à Socrate de l'avoir découvert dans toute son ampleur. Il ne fut pas le seul à le faire dans l'ensemble du monde. Vous pouvez trouver en Inde les rudiments d'une logique tout à fait analogue à celle d'Aristote. Mais nulle part cette découverte ne fut accompagnée d'une telle conscience de son importance. Ici, pour la première fois, il apparut que l'on détenait un moyen de coincer quelqu'un dans un étau logique de telle sorte qu'il n'en peut sortir sans avouer, soit qu'il ne sait rien, soit que la vérité est telle et non pas autre, la vérité *éternelle* qui jamais ne passera, comme le fait l'activité aveugle des hommes. Ce fut là l'événement immense qui est apparu aux disciples de Socrate. Et la conséquence semblait être que, pour peu qu'on eût trouvé le concept juste du Beau, du Bien, ou même, par exemple, du courage, de l'âme, ou quoi que ce soit d'autre, l'on pouvait alors aussi saisir son être véritable, et, à son tour, cette connaissance paraissait fournir le moyen de savoir et d'enseigner comment agir correctement dans la vie, avant tout en tant que citoyen. Car cette question était l'essentiel pour le Grec, dont la pensée était de part en part politique, et c'était pour y répondre que l'on s'adonnait à la science.

À cette découverte de l'esprit hellénique s'est ajouté ensuite, produit de l'époque de la Renaissance, le deuxième grand instrument du travail scientifique : l'expérience rationnelle, en tant que moyen d'une expérience contrôlée de manière fiable, sans laquelle la science empirique contemporaine serait impossible. On avait aussi fait des expériences auparavant, par exemple, dans le domaine de la physiologie en Inde pour servir la technique ascétique des yogi[1], dans la Grèce antique, dans le domaine des mathématiques à des fins de technique militaire, au Moyen Âge pour l'exploitation des mines par exemple. Mais il revient à la Renaissance d'avoir élevé l'expérience au rang de principe de la recherche en tant que telle. Et les précurseurs furent ici les grands novateurs dans le domaine de l'*art* : Léonard de Vinci et les siens, surtout et de manière caractéristique ceux qui se livrèrent à des expériences en musique, au XVIe siècle, avec leurs clavecins d'expérimentation[2]. À partir d'eux, l'expérience se transmit à la science, avant tout grâce à Galilée, à la théorie grâce à Bacon ; les différentes sciences exactes s'en emparèrent ensuite dans les universités du Continent, tout d'abord surtout en Italie et aux Pays-Bas.

Quelle était donc la signification de la science pour ces hommes au seuil de l'époque moderne ? Pour ceux qui se livraient à des expériences dans le domaine de l'art, tel Léonard de Vinci, ainsi que pour les novateurs en musique, elle était la voie qui menait à l'art *véritable*, ce qui signifiait pour eux en même temps à la *nature* véritable. L'art devait être élevé au rang de science, ce qui signifiait aussi et avant tout que l'artiste devait être élevé au rang de docteur, tant du point de vue social que

---

1. Weber s'était intéressé au yoga comme technique de salut à l'occasion de la rédaction de *Hindouisme et bouddhisme*. *Cf.* *H&B*, notamment p. 288-290.
2. *Cf.* Max WEBER, *Sociologie de la musique*, Métailié, Paris, 1998.

quant au sens de sa vie. C'est là l'ambition qui sous-tend par exemple le *Traité de la peinture* de Léonard de Vinci[1]. Qu'en est-il aujourd'hui ? « La science comme voie menant à la nature » ? Cela sonnerait comme un blasphème aux oreilles de la jeunesse. On exige au contraire de se délivrer de l'intellectualisme de la science pour revenir à notre propre nature, et par là à la nature en général. La science comme voie menant à l'art, carrément ? La critique est ici inutile. Mais l'on attendait plus encore de la science à l'époque où se formèrent les sciences exactes de la nature. Si vous vous souvenez de la formule de Swammerdam[2] – « je vous apporte ici la preuve de la Providence divine dans l'anatomie d'un pou » –, vous voyez ce que le travail scientifique, influencé (indirectement) par le protestantisme et le puritanisme, pensait alors être sa tâche spécifique : indiquer la voie qui mène à Dieu. À cette époque, on ne trouvait plus cette voie dans les concepts et les déductions des philosophes. Que Dieu ne peut être trouvé par la voie dans laquelle l'avait cherché le Moyen Âge, toute la théologie piétiste de l'époque le savait, Spener surtout[3]. Dieu est caché, ses voies ne sont pas nos voies, ses pensées ne sont pas nos pensées[4]. Mais dans les sciences exactes de la nature où l'on pouvait appréhender physiquement ses œuvres, l'on espérait trouver les traces de ses intentions concernant le monde. Et aujourd'hui ? Qui croit encore aujourd'hui, mis à part quelques grands enfants comme on en trouve précisément dans les sciences de la nature, que les connaissances de l'astronomie, de la biologie, de la physique ou de la chimie pourraient nous apprendre quelque chose concernant le sens du monde, ne serait-ce que sur la voie qui pourrait nous permettre de trouver la trace d'un tel « sens », si jamais il

---

1. *Traité de la peinture*, traduit et présenté par André Chastel, Berger-Levrault, Paris, 1987.
2. Jan Swammerdamm (1637-1680), naturaliste hollandais.
3. Philipp Jacob Spener (1635-1705), théologien évangélique, fondateur du piétisme luthérien.
4. Référence biblique, *Isaïe* 55, 8.

existe ? S'il y a quelque chose qui soit propre à tuer à la racine la croyance qu'il y a quelque chose comme un « sens » du monde, ce sont bien ces connaissances. Et au bout du compte : la science comme voie « menant à Dieu » ? Elle, la puissance spécifiquement étrangère à Dieu ? Qu'elle soit bien telle, personne aujourd'hui n'en doutera en son for intérieur, qu'il se l'avoue ou non[1]. Se délivrer du rationalisme et de l'intellectualisme de la science est la condition fondamentale de la vie en communion avec le divin : c'est là (ou quelque chose d'identique quant au sens) l'un des mots d'ordre fondamentaux que l'on entend proclamer à toutes forces par notre jeunesse encline à la religion ou en quête d'expérience religieuse. Et ce n'est pas seulement l'expérience religieuse qu'elle cherche, mais l'expérience vécue (*Erlebnis*) en général[2]. Ce qui est déconcertant est seulement la voie prise pour ce faire : c'est en effet la seule chose que l'intellectualisme n'avait pas affectée jusqu'à présent, à savoir précisément ces sphères de l'irrationnel, qui sont maintenant portées à la conscience et examinées à sa loupe. Car c'est à quoi aboutit de fait le romantisme intellectualiste moderne de l'irrationnel. Cette voie vers la libération de l'intellectualisme produit bien un résultat radicalement opposé au but que ceux qui s'y engagent s'imaginent être le leur. Et le fait que finalement, avec un optimisme naïf, on ait célébré en la science, c'est-à-dire en la technique de maîtrise de la vie fondée sur la science, la voie menant au bonheur, est quelque chose que je puis me permettre de laisser totalement de côté après la critique dévastatrice que Nietzsche a faite de ces « derniers hommes » qui ont « inventé le bonheur[3] ». Qui y croit encore, hormis quelques grands enfants sur les chaires des facultés ou dans les salles de rédaction ?

---

1. Sur l'incompatibilité entre science et religion, *cf.* « Considération intermédiaire », *in SR,* p. 448.
2. *Cf. supra*, note 2, p. 76.
3. F. Nietzsche, *Ainsi parlait Zarathoustra*, LGF, Paris, 1983, « Prologue 5 », p. 26.

Revenons en arrière. Compte tenu de ces présuppositions internes, quel est le sens de la science comme vocation, puisque toutes les illusions antérieures ont sombré selon lesquelles elle serait la « voie vers l'être véritable », la « voie vers l'art véritable », la « voie vers la nature véritable », la « voie vers le vrai Dieu », la « voie vers le vrai bonheur » ? Tolstoï a donné la réponse la plus simple en disant : « Elle n'a pas de sens parce qu'elle ne peut répondre à la seule question qui importe pour nous, laquelle est de savoir ce que nous devons faire et comment nous devons vivre[1]. » Qu'elle ne réponde pas à cette question est tout bonnement incontestable. La question est seulement de savoir en quel sens elle « ne répond pas » et si, nonobstant, elle ne pourrait pas peut-être malgré tout apporter quelque chose à celui qui pose correctement la question. On parle aujourd'hui fréquemment d'une science « sans présupposition[2] ». Existe-t-elle ? Cela dépend de ce que l'on entend par là. Tout travail scientifique présuppose toujours la validité des règles de la logique et de la méthode, qui sont les bases universelles de notre orientation dans le monde. Ces présuppositions sont ce qu'il y a de moins problématique, du moins pour notre question particulière. Mais l'on présuppose en outre que ce que produit le travail scientifique est important, en entendant par là que cela « mérite » d'être connu. Et c'est là manifestement que résident tous nos problèmes. Car cette présupposition ne peut être à son tour démontrée avec les moyens de la science. Elle ne peut qu'être interprétée selon son sens ultime, qu'il faut alors refuser ou accepter selon la position ultime à l'égard de la vie qui est propre à chacun.

En outre, le type de relation que le travail scientifique entretient avec les conditions qui sont les siennes est très différent selon la structure de chaque science. Des sciences de la nature

---

1. La référence va à la critique que fait Tolstoï dans la première partie de son essai de critique sociale : *Que faire ?* Il existe une traduction ancienne de ce texte, par Mariana Polonsky et Debarre, Albert Savine, Paris, 1887.
2. *Cf.* sur ce thème l'« Essai sur le sens de la "neutralité" axiologique dans les sciences sociologiques et économiques » (1917), *in ETS*, p. 399-477.

telles que, par exemple, la physique, la chimie, l'astronomie, présupposent comme allant de soi que les lois ultimes du devenir cosmique (lois que l'on peut construire jusqu'au point où la science parvient) méritent d'être connues. Et cela non seulement parce que, avec ces connaissances, l'on peut atteindre des résultats techniques, mais, pour qu'elles puissent constituer une « vocation », en vertu de leur intérêt intrinsèque. Cette présupposition elle-même n'est tout simplement pas démontrable. Et savoir si le monde que ces connaissances décrivent mérite d'exister, si ce monde a un « sens » et si cela a un sens d'exister dans ce monde, peut encore moins faire l'objet d'une démonstration. Ce ne sont pas des questions qu'elles se posent. Prenez encore un art pratique dont le développement scientifique est aussi avancé que celui de la médecine moderne. La « présupposition » universelle de l'entreprise médicale est, pour le dire en termes triviaux, que la tâche de conservation de la vie, purement en tant que telle, et la diminution la plus grande possible de la souffrance, purement en tant que telle, doivent être approuvées. C'est bien là ce qui est problématique. Avec les moyens qui sont les siens, le médecin maintient en vie le mourant, même lorsqu'il implore qu'on le délivre de la vie et même lorsque ses proches souhaitent et doivent souhaiter sa mort, qu'ils l'admettent ou non, parce que cette vie n'a pas de valeur pour eux, parce qu'ils se réjouiraient qu'il soit délivré de la souffrance, parce que les coûts du maintien de cette vie dépourvue de valeur deviennent pour eux insupportables (il peut s'agir d'un pauvre fou). Seuls les présuppositions de la médecine et le code pénal empêchent le médecin de s'écarter de cette voie. La vie mérite-t-elle d'être vécue, et quand mérite-t-elle de l'être ? Ce sont des questions que la médecine ne se pose pas. Toutes les sciences de la nature nous donnent une réponse à la question : que devons-nous faire si nous voulons maîtriser la vie *techniquement* ? Elles laissent de côté la question de savoir si nous devons et voulons la maîtriser techniquement, et si cela a en définitive un sens, ou bien elles le présupposent pour les fins qui sont les leurs. Ou bien prenons une discipline telle que l'esthétique.

Le fait qu'il y a des œuvres d'art est pour l'esthétique un donné. Elle cherche à expliquer dans quelles conditions cet état de chose se rencontre. Mais elle ne soulève pas la question de savoir si le royaume de l'art n'est pas peut-être un royaume de splendeur diabolique, un royaume du monde d'ici-bas, et pour cette raison, en son sens le plus profond, opposé au divin, et, du fait de son esprit profondément aristocratique, opposé à la fraternité. Aussi ne se demande-t-elle pas s'il *doit* y avoir des œuvres d'art. Ou bien prenez la théorie juridique : elle établit ce qui est en vigueur selon les règles d'une pensée juridique liée pour une part par les contraintes logiques, pour une autre part par des schémas légués par la tradition. Elle détermine donc *quand* certaines règles juridiques et certaines méthodes d'interprétation de ces règles sont reconnues comme obligatoires. *Qu'*il doive y avoir du droit, et *que* l'on ait dû instaurer précisément ces règles-là : ce sont des questions auxquelles elle ne répond pas. La seule chose qu'elle puisse affirmer est que, si l'on veut obtenir un résultat déterminé, c'est cette règle-là qui, selon les normes de notre pensée juridique, est le moyen approprié pour l'obtenir. Ou encore, prenez les sciences historiques de la culture. Elles apprennent à comprendre, à partir des conditions de leur formation, des phénomènes culturels politiques, artistiques, littéraires et sociaux. Mais elles ne répondent pas par elles-mêmes à la question de savoir si ces phénomènes culturels *méritaient* et méritent d'exister, non plus qu'à la question de savoir s'il vaut la peine de les connaître. Elles présupposent que cela présente un intérêt de participer par ce procédé à la communauté des « hommes civilisés » (*Kulturmenschen*[1]) Mais elles ne peuvent démontrer « scientifiquement » à personne que cela soit le cas, et le fait qu'elles le présupposent ne prouve absolument pas que cela soit évident. En fait, cela ne l'est absolument pas.

Restons-en maintenant aux disciplines qui me sont les plus proches, à la sociologie, l'histoire, l'économie politique et la théorie de l'État, ainsi qu'à ces genres de philosophie de la culture qui

1. « *Kulturmenschen* », *cf. supra*, p. 84, note 1.

se donnent pour tâche l'interprétation desdites disciplines. On dit, et j'y souscris : la politique n'a pas sa place dans la salle de cours. Elle n'y a pas sa place s'agissant des étudiants. Je déplorerais également, par exemple, que des étudiants pacifistes se rassemblent autour de la chaire et fassent du tapage dans l'amphithéâtre de mon ancien collègue Dietrich Schäfer[1] à Berlin, comme des étudiants antipacifistes sont dits l'avoir fait contre le professeur Foerster[2], dont je suis à bien des égards, par mes opinions, aussi éloigné que possible. Mais la politique n'a pas sa place dans l'amphithéâtre, non plus, s'agissant de l'enseignant. Et précisément pas quand il traite de la politique en scientifique, c'est même alors qu'elle est le moins à sa place. Car ce sont deux choses différentes que, d'une part, de prendre position pratiquement en politique et, d'autre part, d'analyser scientifiquement des formations politiques et des positions de partis. Quand on parle de démocratie dans une assemblée populaire, on ne fait pas mystère de sa prise de position personnelle. Notre fichu devoir est alors précisément de prendre parti d'une manière clairement reconnaissable. Les mots qu'on emploie ne sont pas alors des moyens d'analyse scientifique, mais des moyens de la propagande politique sollicitant la prise de position des autres. Ce ne sont pas des socs de charrue pour ameublir la terre de la pensée contemplative, mais des épées contre les adversaires, donc des moyens de lutte[3]. Ce serait en revanche une ignominie que d'utiliser les mots de cette manière dans une conférence ou dans une salle de cours. Là, lorsqu'il est question de « démocratie », on distinguera ses différentes formes, on analysera la manière dont elles fonctionnent, on déterminera

---

1. Dietrich Schäfer (1845-1929), historien, professeur à Berlin de 1903 à 1921. Cofondateur du « *Vaterslandpartei* » (parti de la patrie).
2. Friedrich Wilhelm Foerster (1869-1966), philosophe et pédagogue, condamnait la politique militaire du Reich, sur la base d'un pacifisme d'inspiration religieuse. À l'automne 1917, ses cours à Munich avaient donné lieu à des altercations violentes entre nationalistes et étudiants pacifistes. Il est également mentionné dans la conférence sur la politique, *cf. infra*, p. 195, note 3.
3. Référence biblique, *cf. Isaïe*, 2, 4.

quelles conséquences singulières les unes et les autres ont sur les conditions de vie, puis on leur opposera les autres formes, non démocratiques, de l'ordre politique, et l'on essaiera d'avancer suffisamment loin pour que l'auditeur soit en état de trouver le point à partir duquel il peut *lui-même*, compte tenu de ses propres idéaux ultimes, prendre position à ce propos. Mais un enseignant authentique se gardera d'imposer à son auditeur une quelconque prise de position du haut de la chaire, que ce soit expressément ou par suggestion (car c'est naturellement la manière la plus déloyale de procéder que de « laisser parler les faits »).

Et pourquoi en vérité ne devons-nous pas le faire ? Je remarque d'abord que nombre de mes très estimés collègues pensent que s'imposer cette réserve à soi-même est absolument impossible et que, si cela était possible, ce serait une marotte d'éviter de prendre position[1]. On ne peut certes démontrer scientifiquement à personne ce qui est son devoir en tant qu'enseignant d'université. On ne peut exiger de lui que la probité intellectuelle, c'est-à-dire de reconnaître que ce sont des problèmes radicalement hétérogènes que, d'une part, établir des faits, des états de chose mathématiques ou logiques, ou la structure interne de biens culturels et, d'autre part, se prononcer sur la valeur de la culture et de ses contenus particuliers, et ensuite déterminer la manière dont l'on doit agir à l'intérieur de la communauté culturelle et des groupements politiques[2]. Si cet enseignant demande encore

---

1. Weber fait ici référence au débat sur les jugements de valeur qui a traversé notamment le *Verein für Sozialpolitik* (Association pour la politique sociale) en 1913. Les principales interventions dans ce débat ont été rassemblées *in* Heino Heinrich NAU (éd.), *Der Werturteilstreit*, *op. cit. Cf.* ma préface, *supra*, p. 29 *et sq.*
2. Sur l'hétérogénéité entre jugements scientifiques et jugements de valeur, *cf.* l'« Essai sur le sens de la "neutralité axiologique" dans les sciences sociologiques et économiques », *in ETS*, p. 418 : « La validité d'un impératif pratique entendu comme norme et d'autre part la validité de vérité d'une constatation empirique d'un fait sont deux choses absolument hétérogènes au niveau de la problématique, de sorte que l'on porte préjudice à la dignité de l'une et de l'autre de ces deux sphères si on méconnaît leur distinction et si on cherche à les confondre. »

pourquoi il ne doit pas traiter ces deux ordres de questions dans la salle de cours, la réponse est que le prophète et le démagogue n'ont pas leur place sur la chaire d'une salle de cours. Au prophète et au démagogue il est dit : « Sors, va dans les rues et parle en public[1]. » C'est-à-dire : parle là où la critique est possible. Dans l'amphithéâtre, où l'on fait face à ses auditeurs, ceux-ci doivent se taire et c'est au Professeur de parler, et je considère comme irresponsable d'exploiter cette situation dans laquelle les étudiants sont contraints, pour leur formation, de suivre le cours d'un Professeur et où il n'y a personne qui s'oppose à lui par la critique, afin de marquer ses auditeurs de son opinion politique personnelle au lieu de se contenter, comme c'est la tâche d'un Professeur, de les faire profiter de ses connaissances et de son expérience scientifique[2]. Il est certes possible qu'un individu ne parvienne qu'insuffisamment à faire taire ses sympathies subjectives. Il s'expose alors à la critique la plus sévère devant le tribunal de sa propre conscience. Et cela ne prouve rien, car d'autres erreurs, d'ordre purement factuel, sont possibles, et elles ne prouvent rien contre le devoir de chercher la vérité. C'est aussi et précisément dans un intérêt purement scientifique que je récuse cette attitude. Je me fais fort d'administrer la preuve, en m'appuyant sur les œuvres de nos historiens, que partout où l'homme de science intervient avec son propre jugement de valeur, il cesse de comprendre pleinement les faits. Mais ceci déborde le thème de notre soirée et exigerait de longues discussions.

Je me contente de poser cette question : comment d'un côté un catholique qui a la foi, de l'autre un franc-maçon, dans un cours sur les formes d'Églises et d'États ou sur l'histoire des religions, comment pourraient-ils jamais être amenés à juger de la même manière la *valeur* de ces phénomènes ! C'est exclu. Et pourtant, il faut que le professeur d'université souhaite et

---

1. Référence biblique, *Jérémie*, 2, 2.
2. *Cf.* le même argument dans l'« Essai sur le sens de la neutralité axiologique », *in ETS*, p. 405-406.

s'impose d'être utile à l'un et à l'autre par ses connaissances et ses méthodes. Vous direz alors à juste titre : le catholique croyant n'adoptera jamais, sur le déroulement factuel de la formation du christianisme, la conception que lui présente un professeur qui ne partage pas ses présuppositions dogmatiques. Bien entendu ! Mais la différence est la suivante : la science « sans présuppositions », en ce sens qu'elle refuse d'être liée par une religion, ne reconnaît en fait pour sa part ni « miracle » ni « révélation ». Elle trahirait ses propres « présuppositions » si elle le faisait. Le croyant reconnaît l'un et l'autre. Et cette science « sans présuppositions » n'exige de lui rien de moins, mais aussi *rien de plus*, que de reconnaître que, si ce déroulement devait être expliqué sans ces interventions surnaturelles qui ne peuvent être prises en compte comme éléments de causalité dans une explication empirique, il faudrait l'expliquer de la manière où la science tente de le faire. Le croyant peut accorder cela sans trahir sa foi.

Mais ce que fait la science n'a-t-il alors absolument aucun sens pour quelqu'un auquel les faits en tant que tels sont indifférents, et pour qui seule compte la prise de position pratique ? Elle en a peut-être pourtant un. On peut déjà et tout d'abord noter une chose. Si quelqu'un est un enseignant capable, sa première tâche est d'apprendre à ses élèves à reconnaître des faits *désagréables*, des faits, veux-je dire, qui sont désagréables pour sa propre opinion partisane. Et il y a pour toute opinion partisane, par exemple y compris pour la mienne, des faits extrêmement désagréables. Je crois que lorsqu'un professeur d'université contraint ses auditeurs à s'habituer à cet état de chose, il fait alors bien plus qu'œuvre intellectuelle pure, il fait quelque chose pour quoi j'irais jusqu'à employer l'expression d'« œuvre morale », même si cela sonne peut-être un peu trop pathétique pour une chose aussi simple et si naturelle.

Jusqu'à présent je n'ai parlé que des raisons *pratiques* de refuser d'imposer une prise de position personnelle. Mais ce n'est pas suffisant. L'impossibilité de défendre « scientifiquement » des prises de position pratiques, excepté dans le cas de la discussion des moyens nécessaires pour un but que l'on présuppose *donné* de manière fixe, résulte de raisons bien plus profondes. Cette défense est fondamentalement dépourvue de sens parce que les différents ordres de valeur du monde sont engagés les uns avec les autres dans une lutte sans issue. Le vieux Mill, dont je n'entends pas pour le reste louer la philosophie, avait pourtant raison sur ce point quand il lui est arrivé de dire que, si l'on part de l'expérience pure, l'on aboutit au polythéisme[1]. La formulation est plate et elle sonne comme un paradoxe, mais il y a quelque chose de vrai là-dedans. S'il y a bien quelque chose que nous ayons redécouvert aujourd'hui, c'est qu'une chose peut être sacrée non seulement *bien que* cela ne soit pas beau, mais *parce que* et *dans la mesure où* cela n'est pas beau – vous trouverez de quoi étayer cette proposition au chapitre 53 du Livre d'Isaïe et dans le psaume 21[2]. Que quelque chose peut être beau non seulement bien que, mais au contraire dans la mesure où cela n'est pas beau, nous le savons à nouveau depuis Nietzsche, et, avant lui, vous trouvez ce thème mis en forme dans les *Fleurs du mal*, selon le titre que Baudelaire a donné à son recueil de poésie. Et c'est une vérité banale que quelque chose peut être vrai bien que, et dans la mesure où cela n'est ni beau, ni sacré, ni bon. Mais ce ne sont là que les cas les plus élémentaires de cette lutte entre les dieux des différents ordres et des différentes valeurs. Je ne sais comment l'on peut faire pour trancher « scientifiquement » entre la *valeur* de la culture française et celle de la culture allemande. Ici s'affrontent précisément aussi des dieux différents, et cela pour toujours. Il en va comme dans le monde ancien, que le désenchantement n'avait pas encore privé de ses dieux et de ses démons, dans un autre sens seulement : de même que le Grec faisait un sacrifice

---

1. La référence va à un article de John Stuart Mill (1806-1873), « Theism », *in Three Essays on Religion : Nature, the Utility of Religion, and Theism* (1874).
2. D'après la note de l'édition critique (*MWG* I/17, p. 99, note 46), la référence irait en réalité au psaume 22.

un jour à Aphrodite, un autre jour à Apollon, et que, surtout, chacun sacrifiait aux dieux de sa cité, ainsi en est-il encore aujourd'hui, sans les enchantements et sans la mise en forme mythique de ce comportement, laquelle recelait pourtant un contenu de vérité. Au-dessus de ces dieux et de leur combat, c'est le destin qui règne, mais très certainement aucune « science ». On peut seulement comprendre *ce qu'est* le divin pour un ordre ou pour un autre, ou bien dans un ordre ou dans un autre. Mais à cette compréhension s'arrête décidément toute explication présentée dans un amphithéâtre et par un Professeur, bien que naturellement le grave problème qui gît là, lequel concerne la vie, ne soit pas pour autant résolu. Mais ce sont d'autres puissances que les chaires des universités qui ont ici la parole. Quel homme aura l'audace de prétendre « réfuter scientifiquement » l'éthique du Sermon sur la montagne, par exemple la proposition : « Tu ne résisteras pas au mal[1] », ou bien la parabole des deux joues[2] ? Et il est pourtant clair que, considéré du point de vue du monde d'ici-bas, c'est une éthique de l'indignité qu'on nous prêche ici. L'on doit choisir entre la dignité religieuse, que cette éthique enseigne, et la dignité virile, qui prêche tout autre chose, à savoir : « Résiste au mal, sinon tu portes une part de responsabilité s'il l'emporte. » Pour l'individu, selon ce qu'est sa prise de position ultime, une des positions représente le diable et l'autre Dieu, et il doit décider lequel est *pour lui* Dieu, et lequel le diable. Et ainsi en va-t-il dans tous les ordres de la vie. Le rationalisme grandiose de la conduite de vie éthique méthodique que sécrète toute prophétie religieuse a détrôné ces dieux multiples au profit de « l'Unique qui nous est nécessaire[3] ». Et, face aux réalités de la vie extérieure et intérieure, il a été contraint à ces compromis et à ces réserves que nous connaissons tous dans l'histoire du christianisme. Mais aujourd'hui ce polythéisme est notre « quotidien »

1. Référence biblique, *Matthieu*, 5, 39.
2. *Ibid.*
3. Référence biblique, *Luc*, 10, 42.

religieux. La multitude des anciens dieux sortent de leurs tombes, désenchantés et par conséquent sous la figure de puissances impersonnelles, ils cherchent à exercer un pouvoir sur nos vies et ils recommencent entre eux leur lutte éternelle. Ce qui est si difficile pour l'homme moderne précisément, et plus encore pour la jeune génération, c'est d'être à la hauteur d'un tel *quotidien*. Toute la quête de l'« expérience vécue » provient de cette faiblesse. Car c'est faiblesse que de ne pouvoir regarder en face le destin de son temps.

C'est le destin de notre culture de prendre à nouveau conscience de ce fait, d'une manière plus claire, après que, durant un millénaire, l'orientation prétendument ou apparemment exclusive sur le pathos grandiose de l'éthique chrétienne nous y a rendus aveugles.

Mais c'est assez de ces questions qui nous mènent très loin. Car l'erreur que commet une partie de notre jeunesse, quand elle est tentée de rétorquer : « Soit, mais si nous assistons à un cours, c'est pour vivre autre chose que de simples analyses et des constats de fait », cette erreur consiste à chercher dans le professeur autre chose que ce qui est là devant eux. Ils cherchent un *chef*, et non un *enseignant*. Mais c'est uniquement à titre d'*enseignant* que nous occupons une chaire. Ce sont deux choses différentes, et l'on peut facilement s'en persuader. Permettez-moi de vous conduire encore une fois en Amérique, parce que l'on peut voir là-bas souvent ce genre de choses dans leur état brut originaire. Le jeune Américain apprend infiniment moins de choses que le jeune Allemand. Malgré un nombre incroyable d'examens, il n'est pas encore devenu, du point de vue du *sens* qu'a sa vie scolaire, cette bête à examens absolue qu'est le jeune Allemand. Car la bureaucratie, qui exige le diplôme sanctionnant l'examen comme billet d'entrée dans le royaume des prébendes en postes, n'en est là-bas qu'à ses débuts. Le jeune Américain ne respecte rien ni personne, aucune tradition ni aucune charge, il ne respecte que la prestation personnelle propre de l'individu : c'est *cela* qu'un Américain nomme

« démocratie[1] ». La réalité peut bien être très éloignée de cette définition, c'est bien ainsi pourtant qu'un Américain comprend la démocratie, et c'est ce qui importe ici. Le jeune Américain se représente le Professeur qui lui fait face de la manière suivante : il me vend ses connaissances et ses méthodes en contrepartie de l'argent de mon père, tout à fait comme la marchande de légumes vend ses choux à ma mère. Avec cela, tout est dit. Certes, si le Professeur se trouve être un champion de football, alors on le reconnaît comme chef dans ce domaine. Mais s'il ne l'est pas (ou s'il n'est pas quelque chose de comparable dans un autre sport), ce n'est précisément qu'un Professeur et rien de plus, et aucun jeune Américain n'aurait l'idée de se faire vendre par ce professeur des « conceptions du monde » ou des règles déterminantes pour sa conduite de vie. Dans cette formulation, certes, nous rejetterions cette position. Mais on peut se demander s'il n'y a pas pourtant ici, dans cette façon de sentir que j'ai intentionnellement encore un peu exagérée, un grain de vérité.

Chers étudiants et chères étudiantes ! Vous venez à nos cours en exigeant de nous des qualités de chefs, et vous ne remarquez pas tout d'abord que, sur cent professeurs, il y en a au moins quatre-vingt-dix-neuf qui non seulement ne prétendent pas ni ne sauraient prétendre être des champions de football de la vie, mais qui ne prétendent absolument pas non plus, et ne peuvent prétendre être des « chefs » pour les affaires qui concernent la conduite de vie. Songez que la valeur de l'être humain ne tient pas à ce qu'il possède des qualités de chef. Et en tout cas, les qualités qui font de quelqu'un un savant et un professeur d'université remarquable ne sont pas celles qui font

1. Le même thème se retrouve dans une conférence prononcée par Max Weber le 23 mars 1918 à Heidelberg, sous le titre : « Demokratie und Aristokratie im amerikanischen Leben » (Démocratie et aristocratie dans la vie américaine). Faute de manuscrit, on se reportera aux comptes rendus parus dans la presse. Ainsi, dans les *Heidelberger Neueste Nachrichten*, n° 71, 25 mars 1918 : « La démocratie signifie là-bas l'absence de respect envers tous les aspects de la vie, à l'exception de la prestation personnelle » (*MWS*, I/15, p. 354).

de lui un chef en ce qui concerne l'orientation pratique dans la vie ou, plus particulièrement, la politique. Il est purement fortuit que quelqu'un possède aussi ces qualités, et il serait très inquiétant que toute personne qui occupe une chaire se voit sommée de les posséder. Il serait encore plus inquiétant que chaque professeur d'université puisse décider de se faire passer pour un chef dans l'amphithéâtre. Car ceux qui se prennent le plus facilement pour des chefs sont souvent ceux qui ont le moins de titres à le faire, et surtout : qu'ils les aient ou qu'ils ne les aient pas, la chaire n'est tout simplement pas la position qui permette de *faire ses preuves* à cet égard. Si un professeur se sent appelé à conseiller la jeunesse et jouit de sa confiance, qu'il montre ce qu'il vaut dans les relations personnelles d'homme à homme. Et s'il se sent appelé à intervenir dans les luttes entre les conceptions du monde et les opinions partisanes, qu'il le fasse dehors sur le marché de la vie : dans la presse, dans les réunions, dans les associations, où qu'il veuille. Mais il est quand même un peu trop commode de témoigner de son courage à afficher ses opinions là où les auditeurs, qui ont peut-être d'autres opinions, sont condamnés à se taire.

Vous vous demandez enfin : s'il en est ainsi, quel est donc en fait l'apport positif de la science pour la « vie » pratique et personnelle ? Et nous en revenons avec cela au problème de la « vocation » de la science elle-même[1]. Elle apporte d'abord, naturellement, des connaissances concernant les techniques qui permettent de maîtriser la vie par le calcul, qu'il s'agisse des choses extérieures ou de l'action des hommes. Soit, mais on est encore ici au niveau de la marchande de légumes du jeune Américain, répondrez-vous. Je suis tout à fait d'accord. La science apporte, en second lieu, quelque chose que, déjà, cette marchande de légumes ne fait tout de même pas : des méthodes de

---

1. On parlerait peut-être plus volontiers en français, dans un tel contexte, de la « mission » de la science. Il nous a paru cependant superflu d'ajouter une quatrième traduction du terme « *Beruf* » aux trois que nous avons déjà retenues (vocation, profession, profession-vocation).

pensée, c'est-à-dire les instruments et la formation requise pour les utiliser. Vous direz peut-être : soit, ce ne sont pas des légumes, mais ce n'est aussi rien de plus que les moyens de s'en procurer. Bien, laissons cela de côté pour aujourd'hui. Ce que nous venons de mentionner n'épuise heureusement pas encore la totalité des prestations de la science. Nous sommes encore en mesure de vous permettre d'atteindre une troisième chose : la *clarté*. À supposer, naturellement, que nous la possédions nous-mêmes. Pour autant que cela soit le cas, nous pouvons vous expliquer clairement ce qui suit : concernant les valeurs qui sont en cause dans chaque cas considéré – pour la simplicité, je vous demande de prendre pour exemple des phénomènes sociaux –, on peut adopter pratiquement telle position ou telle autre. Si l'on adopte telle position, il nous faut, d'après ce qu'enseigne l'expérience des sciences, appliquer tel *moyen* pour la mener à sa réalisation pratique. Maintenant, ces moyens sont peut-être déjà en eux-mêmes tels que vous croyez devoir les rejeter. C'est alors, précisément, qu'il faut choisir entre la fin et les moyens inévitables qu'elle implique. La fin « sanctifie »-t-elle ou non ces moyens ? L'enseignant peut vous présenter la nécessité de ce choix, mais, pour autant qu'il entend rester un enseignant et non se transformer en démagogue, il ne peut faire plus. Il peut bien sûr vous dire aussi : si vous voulez telle fin déterminée, vous devez être prêt à accepter telles conséquences accessoires, qui se produiront, conformément à ce que l'expérience nous enseigne. On en revient à la même situation. Cependant, avec tout cela, on a encore affaire à des problèmes qui peuvent se poser à n'importe quel technicien, lequel doit aussi, dans de nombreux cas, trancher selon le principe du moindre mal ou du bien relatif. Avec cette différence que, s'agissant de lui, une chose est ordinairement donnée, et c'est la chose principale, à savoir la *fin*. Or ce n'est précisément *pas le cas* pour nous, dès qu'il s'agit de problèmes réellement « ultimes ». Et nous arrivons ici seulement à la contribution ultime que la science en tant que telle peut apporter, au service de la clarté, et nous touchons en même temps à ses limites. Nous pouvons et nous avons le devoir de vous dire aussi : du point de vue de son sens, telle prise de position pratique peut être inférée de façon conséquente, et par conséquent avec sincérité, de telle conception du monde fondamentale ultime – cette conception peut être unique, ou il peut s'agir de plusieurs conceptions différentes –, mais elle ne peut être inférée de telle ou telle autre. Pour parler en termes imagés, quand vous vous décidez en faveur de cette prise de position, vous servez tel dieu et *vous en offensez tel autre*. Car si vous restez fidèles à vous-mêmes, vous en viendrez nécessairement à ces conséquences ultimes du point de vue du sens interne. La science peut faire ce genre de choses, du moins en principe. La discipline spécialisée de la philosophie et les considérations principielles des différentes disciplines, qui sont de nature philosophique, s'y essaient. Si nous nous entendons à notre affaire (ce qu'il faut ici présupposer), nous pouvons obliger un individu à *se rendre à lui-même des comptes quant au sens ultime de sa propre action*, ou du moins nous pouvons l'aider à le faire. Il me semble que cela n'est pas rien, même pour la vie purement personnelle. Je suis même ici tenté de dire, quand un enseignant réussit à le faire, qu'il sert bien des puissances « morales », à savoir le devoir d'apporter clarté et sentiment de responsabilité, et je crois qu'il sera d'autant plus capable de réaliser cela qu'il aura scrupule à vouloir de son côté imposer ou suggérer une prise de position à son auditeur, et qu'il renoncera à le faire.

Le point de vue que je vous présente ici procède il est vrai toujours d'une thèse fondamentale, à savoir que la vie, pour autant qu'elle repose en elle-même et est comprise à partir d'elle-même, ne connaît que la lutte éternelle que les dieux mènent entre eux, pour le dire sans métaphore : elle ne connaît que l'incompatibilité des points de vue ultimes sur la vie qui sont *possibles* en général, et l'impossibilité de mettre fin à leur lutte, la nécessité, donc, de *se décider* pour l'un ou l'autre. Savoir si, dans de telles conditions, il vaut la peine pour quelqu'un de faire de la science sa « vocation », et si la science elle-même a une « vocation » qui ait une valeur objective, c'est à nouveau un jugement de valeur sur lequel on ne peut se prononcer dans un amphithéâtre. Car pour l'enseignement lui-même, une réponse positive est *présupposée*. Personnellement, je réponds déjà positivement à cette question par mon propre travail. Et c'est aussi vrai précisément pour le point de vue qui déteste l'intellectualisme, le tenant pour le pire des démons, comme le fait aujourd'hui la jeunesse, ou, la plupart du temps, comme elle s'imagine seulement le faire. Car c'est à elle que s'adresse alors cette injonction : « Réfléchis, le démon est vieux, deviens vieux pour le comprendre[1]. » On ne vise pas ici l'acte de naissance, mais l'on veut dire que, pour en finir aussi avec ce démon, on ne doit pas prendre la fuite devant lui, comme on le fait si volontiers aujourd'hui, mais qu'il faut d'abord examiner ses voies jusqu'au bout pour apprécier son pouvoir et ses limites.

La science est aujourd'hui une « profession » pratiquée *par des spécialistes*, au service de la connaissance de soi et de la connaissance des conditions objectives, elle n'est pas un don de la grâce que posséderaient des voyants et des prophètes, et en vertu duquel ils dispenseraient des biens de salut et des révélations, elle n'est pas non plus une partie de la réflexion des sages et des philosophes sur le *sens* du monde : c'est là, certes, une donnée inéluctable de notre situation historique à laquelle nous ne pouvons nous soustraire si nous voulons rester fidèles à nous-mêmes. Et si maintenant Tolstoï se dresse à nouveau parmi vous et qu'il demande : « Puisque la science ne le fait pas, qui répondra à la question : que devons-nous faire ? et comment devons-nous organiser notre vie ? » ; ou bien, dans le langage que nous avons employé ce soir : « parmi les dieux en lutte, lequel devons-nous servir ? Ou bien devons-nous peut-être en servir un tout différent, et quel est-il ? », il faut répondre : vous ne pouvez servir qu'un prophète ou un sauveur. S'il n'existe pas, ou si l'on ne croit plus à son message, ce n'est

1. GOETHE, *Faust II*, Vers 6817/18.

certainement pas le fait que des milliers de professeurs, tels des petits prophètes rétribués par l'État ou bénéficiant d'autres privilèges, tentent d'assumer son rôle dans les amphithéâtres, qui le forcera à revenir sur terre. La seule chose à laquelle vous parviendrez, c'est que jamais vous ne saisirez de façon vivante et dans toute la brutalité de sa signification l'état de chose décisif : le prophète que tant de membres de notre jeune génération réclament *n'existe précisément pas*. À mon avis, on ne peut servir, ni maintenant ni jamais, ce qui est précisément l'intérêt intérieur d'un homme doté d'un véritable sens de la religion[1], si, à l'instar de tous les prophètes de la chaire, on lui offre des substituts qui lui cachent (à lui ainsi qu'à d'autres) ce fait fondamental : son destin est de vivre dans une époque étrangère aux dieux et dépourvue de prophètes. Son sens religieux devrait, s'il est sincère, s'insurger contre un tel procédé. Vous allez être maintenant tentés de dire : que devons-nous penser alors du fait que constitue l'existence d'une « théologie » avec ses prétentions à être une science ? Ne fuyons pas la question. La « théologie » et les « dogmes » ne se rencontrent sans doute pas partout dans le monde, ils ne sont pas pourtant réservés au seul christianisme. Au contraire, en remontant dans le temps, on en trouve, sous des formes bien développées, aussi bien dans l'islam, le manichéisme, la gnose, dans l'orphisme, le parsisme, le bouddhisme, dans les sectes hindouistes, le taoïsme et les *Upanisad*[2], et naturellement aussi dans le judaïsme. Le degré de leur développement systématique est bien sûr très variable. Et il n'est pas fortuit que non seulement le christianisme occidental ait élaboré la théologie avec une plus grande systématicité, ou bien qu'il cherche à le faire – par opposition à ce que le judaïsme, par exemple, possède en matière de théologie –, mais

---

1. « *Religiös musikalisch* » : sur cette expression (et son contraire : « *religiös amusikalisch* »), *cf.* notre préface, *supra*, p. 12, note 4.
2. Les *Upanisad* constituent une partie des Veda, les textes sacrés de l'hindouisme. *Cf.* Anne-Marie ENNOUL (textes recueillis et présentés par), *L'Hindouisme. Textes et traditions sacrés*, Fayard/Denoël, Paris, p. 45-140.

que ce soit ici que leur développement ait eu l'importance historique de loin la plus forte. C'est là l'effet de l'esprit hellénique auquel remonte toute la théologie de l'Occident, de même que (manifestement) toute la théologie de l'Orient remonte à la pensée hindoue. Toute théologie est une *rationalisation* intellectuelle de biens de salut religieux. Aucune science n'est absolument dépourvue de présuppositions, et aucune ne peut fonder sa propre valeur pour celui qui récuse ces présuppositions. Toutefois toute théologie ajoute quelques présuppositions spécifiques pour asseoir son travail et justifier par là sa propre existence. Elle le fait dans des sens divers et à des degrés différents. *Toute* théologie, par exemple même la théologie hindoue, présuppose que le monde doit avoir un sens, et sa question consiste à savoir comment on doit interpréter ce sens, pour que cela soit pensable. Il en va ici comme dans la théorie kantienne de la connaissance qui partait du présupposé : « il y a une vérité scientifique et elle est *valide* », pour s'interroger ensuite : sous quelles conditions de pensée ceci est-il possible (du point de vue du sens)[1] ? ; ou bien comme chez les théoriciens modernes de l'art (de façon expresse pour certains, ainsi par exemple G.V. Lukács[2], ou bien de fait) qui partent du présupposé : « il y a des œuvres d'art » et demandent ensuite : comment cela est-il possible (du point de vue du sens) ? Toutefois, en règle générale, les théologiens ne se contentent pas de ce présupposé qui relève essentiellement de la philosophie de la religion, mais ils présupposent en outre qu'il faut tout simplement croire à des « révélations » déterminées, en tant qu'elles sont des faits intéressant le salut, donc qui sont seuls à rendre possible une conduite de vie dotée de sens ; ils demandent aussi de croire que certains états de chose et certaines actions possèdent la qualité du sacré, c'est-à-dire qu'ils constituent une conduite de vie

1. *Cf.* KANT, *Critique de la raison pure*, préface à la seconde édition.
2. Georg Lukács (1885-1971), philosophe d'origine hongroise, séjourne à Heidelberg entre 1912 et 1918, où il fréquente le cercle Weber et noue des relations étroites avec Max Weber.

dotée de sens du point de vue religieux, ou du moins des éléments de celle-ci. Et leur question est alors, derechef : comment ces présuppositions, qui doivent être simplement acceptées, se laissent-elles interpréter quant à leur sens dans le cadre d'une image globale du monde ? Ces présuppositions elles-mêmes se situent pour la théologie en deçà de ce qui est « science ». Elles ne sont pas un « savoir » au sens où on l'entend habituellement, mais un « avoir ». Pour celui qui ne les « a » pas – qu'il s'agisse de la foi ou des autres états sacrés –, la théologie ne peut en tenir lieu, et encore moins une autre science. Au contraire : dans toute théologie « positive[1] », le croyant rencontre un point où s'applique la proposition d'Augustin : *credo non quod, sed quia absurdum est.* La capacité d'effectuer cette prouesse de virtuose : le « sacrifice de l'intellect[2] », est la caractéristique distinctive de l'adepte d'une religion positive. Et le fait qu'il en aille ainsi pour lui montre que, malgré ou plutôt en raison de la théologie (laquelle porte ce fait au jour), la tension entre la sphère de valeur de la « science » et celle du salut religieux est insurmontable.

Seul le disciple accomplit légitimement le « sacrifice de l'intellect » en faveur du prophète, ou le croyant pour l'Église. Mais jamais on n'a vu naître une nouvelle prophétie du fait que (je répète ici volontairement cette image qui en a choqué beaucoup[3]) de nombreux intellectuels modernes éprouvent le besoin

---

1. La théologie « positive » s'appuie sur un contenu dogmatique prédonné.
2. La formule semble avoir été répandue en Allemagne, en liaison avec la proclamation de l'infaillibilité du pape lors du concile du Vatican (1869-1870).
3. Référence probable à un passage de l'introduction aux *Essais de sociologie des religions*, *cf. SR*, p. 349 : « Il n'importe nullement au développement religieux actuel que nos intellectuels modernes éprouvent le besoin d'ajouter à toutes sortes d'autres sensations celle de “vivre une expérience religieuse”, comme pour meubler leur intérieur d'objets anciens garantis authentiques – on n'a encore jamais vu un renouveau religieux naître de ce type de source – […]. »

de meubler en quelque sorte leur âme avec des choses anciennes, garanties authentiques, et se souviennent encore à cette occasion que la religion en fait partie, religion qu'ils ne possèdent décidément plus, mais pour laquelle ils aménagent maintenant, à titre de substitut, une sorte de chapelle privée dans laquelle ils installent par jeu des images sacrées venant du monde entier, ou bien qu'ils se cherchent de quoi la remplacer dans toutes sortes de vécus auxquels ils attribuent la dignité de biens de salut mystiques et avec lesquels ils peuvent faire du colportage sur le marché des livres[1]. C'est tout simplement de l'escroquerie, ou c'est une manière de s'illusionner soi-même. En revanche, ce n'est pas une escroquerie, mais au contraire quelque chose de très sérieux et de très vrai, quoiqu'on se méprenne peut-être parfois sur le sens de ce phénomène, quand nombre de ces communautés de jeunes qui ont grandi dans la discrétion ces dernières années, donnent aux relations humaines propres à leur communauté le sens d'une relation religieuse, cosmique ou mystique[2]. Il est vrai que tout acte de fraternité authentique peut être associé à la conscience d'ajouter par là à un royaume supra-personnel quelque chose d'impérissable, mais c'est en revanche une démarche suspecte, à mon avis, que de faire comme si la dignité de relations purement personnelles était accrue par ces interprétations religieuses. Toutefois ce thème déborde notre sujet.

Il appartient au destin de notre temps, avec la rationalisation et l'intellectualisation qui lui sont propres, et surtout avec le désenchantement du monde, que précisément les valeurs ultimes

---

1. Allusion probable aux activités d'Eugen Diederichs, fondateur et directeur d'une maison d'édition à Iéna, qui militait en faveur d'un renouvellement religieux de la culture en s'appuyant sur la *Lebensphilosophie* (philosophie de la vie) et en invoquant le romantisme et le mysticisme. *Cf.* Gangolf HÜBINGER (éd.), *Versammlungsort moderner Geister. Der Eugen-Diederichs-Verlag. Aufbruch ins Jahrhundert der Extreme*, Hugendubel, 1996.
2. Allusion au mouvement de la jeunesse qui s'était constitué autour de Gustav Wyneken, *cf. supra*, p. 63, note 1.

et les plus sublimes se sont retirées de la vie publique pour se réfugier soit dans l'arrière-monde de la vie mystique, soit dans la fraternité des relations directes que les individus entretiennent entre eux. Ce n'est pas un hasard si notre art le plus achevé aujourd'hui est un art intime, et non monumental, ce n'est pas un hasard non plus si, aujourd'hui, c'est seulement au sein des cercles communautaires les plus petits, dans les relations d'homme à homme, en pianissimo, que l'on sent pulser ce quelque chose qui correspond à ce qui jadis, sous les espèces du *pneuma* prophétique, emportait dans son feu torrentiel les grandes communautés et les soudait. Lorsque nous essayons de forcer et d'« inventer » l'état d'esprit qui inspirait l'art monumental, cela donne des monstruosités lamentables, comme le montrent les nombreux monuments des vingt dernières années[1]. Si l'on se creuse le cerveau pour forger de nouvelles formes religieuses, sans prophétie nouvelle et authentique, on obtient quelque chose d'analogue au plan intérieur, et les effets sont encore pires. Les prophéties émises à partir de la chaire ne créeront, au bout du compte, que des sectes fanatiques, mais jamais une communauté authentique. À celui qui ne peut supporter avec virilité ce destin de notre temps, il faut conseiller de retourner en silence, sans les proclamations publiques usuelles des renégats, mais avec simplicité et discrétion, dans les bras largement ouverts et miséricordieux des vieilles Églises. Elles ne lui rendront pas ce retour difficile. D'une manière ou d'une autre, il lui faudra, pour ce faire, accomplir le « sacrifice de l'intellect », c'est inévitable. Nous ne le lui reprocherons pas, s'il en est vraiment capable. Car un tel sacrifice de l'intellect au profit d'un don de soi inconditionnel pour une religion est

1. Weber avait en piètre estime les réalisations architecturales faites à Berlin au début du XXe siècle. On retrouve la même critique dans « Droit de vote et démocratie en Allemagne », qui cite notamment la « pitoyable cathédrale » et le « monstrueux monument à Bismarck » comme exemples du « pseudo-monumentalisme banal » qui défigurait Berlin (*cf. MWS* I/15, p. 174).

quand même autre chose, du point de vue moral, que les contorsions auxquelles on se livre pour éluder le simple devoir de probité intellectuel, quand on n'a pas le courage d'éclaircir pour soi-même la position ultime qui vous est propre, mais que l'on se facilite le respect de ce devoir en ayant recours à des arguments faiblards pour relativiser les choses. Et j'accorde aussi une valeur plus élevée à cette démarche qu'à cette prophétie en chaire qui ne veut pas admettre que, dans l'espace d'un amphithéâtre, il n'y a une fois pour toutes pas d'autre vertu qui vaille sinon, précisément, celle-ci : la simple probité intellectuelle. Or cette vertu nous impose de constater que, pour tous ceux, nombreux, qui attendent aujourd'hui de nouveaux prophètes et de nouveaux sauveurs, la situation est la même qu'aux temps de l'Exil, telle que la fait entendre ce beau chant du veilleur, repris dans l'oracle d'Isaïe : « On entend un appel venant de *Seir in edom* : Gardien, combien de temps durera encore la nuit ? Le gardien dit : le jour viendra, mais il fait encore nuit. Si vous voulez questionner encore, revenez une autre fois[1]. » Le peuple auquel cela s'adressait a questionné et attendu pendant plus de deux mille ans, et nous savons ce que fut son bouleversant destin. La leçon que nous voulons en tirer est la suivante : à eux seuls, le désir et l'attente ne produisent rien, et nous agirons autrement : nous irons à notre travail et nous répondrons aux « exigences du jour[2] », au plan humain aussi bien que professionnel. Mais ceci est simple à faire, si chacun suit le démon qui tient les fils de *sa vie*, et qu'il lui obéit.

---

1. Isaïe, 21, 11/12.
2. GOETHE, *Wilhelm Meister,* « *Was aber ist deine Pflicht ? Die Forderung des Tages.* »

La profession
et la vocation de politique

Note éditoriale

Cette conférence fut prononcée le 28 janvier 1919, soit plus d'un an après « La profession et la vocation de savant », et dans le même cadre, c'est-à-dire à Munich, dans la série de conférences organisée par le comité bavarois de l'Association des Étudiants libres (Freistudentische Bund. Landverband Bayern). D'après le témoignage d'Immanuel Birnbaum[1], l'un des animateurs de ces manifestations, Weber, sollicité peu de temps après la révolution de novembre 1918, avait tout d'abord refusé. Affecté par l'échec de ses tentatives récentes pour exercer un rôle actif en politique, il répondit qu'il était la dernière personne à pouvoir parler de la profession d'homme politique, et il suggéra comme alternative le nom de Friedrich Naumann. Celui-ci déclina pour des raisons de santé. Certains membres de l'Association des Étudiants libres envisagèrent alors de se tourner vers Kurt Eisner[2]. Cette proposition, semble-t-il, emporta en définitive la décision de Weber, qui

---

1. *Cf.* Immanuel BIRNBAUM, « Erinnerungen an Max Weber », *in* René KÖNIG et Johannes WINCKELMANN (éd.), *Max Weber zum Gedächtnis*, Westdeutscher Verlag, Opladen, 1985, p. 19-21

2. Kurt Eisner (1867-1919) devient président du parti social-démocrate d'Allemagne (USPD) en 1917. En novembre 1918, il proclame l'« État libre de Bavière ». Un conseil national provisoire est constitué, dont il devient le ministre-président et le ministre des Affaires étrangères. Il est contraint au retrait après l'échec électoral de l'USPD en janvier 1919. Il est assassiné le 21 février suivant par un lieutenant de réserve, le comte d'Arco.

accepta. Il tenait en effet en piètre estime Kurt Eisner, qui représentait pour lui l'exemple même de l'homme politique ignorant de toute responsabilité authentique.

Les témoignages concernant le déroulement de la conférence et la réaction du public divergent. Dans le récit qu'il a écrit sur sa vie en Allemagne avant et après 1933, Karl Löwith se montre profondément impressionné par la première conférence, sur la profession de savant, qui produisit, selon ses termes, l'effet d'une « délivrance », « après les innombrables discours révolutionnaires des littérateurs activistes ». Il est en revanche moins enthousiaste à propos de la seconde, qui n'avait selon lui ni le même élan ni le même charme que la précédente[1]. D'autres, cependant, ont gardé de cette soirée un souvenir tout différent. Ainsi Max Rehm (juriste et économiste) : l'orateur, se souvient-il, « captive ses auditeurs par des raisonnements contraignants, des exemples judicieux, des connaissances historiques solides. Dans les exigences rigoureuses qu'il adresse à l'homme politique – passion, sentiment de responsabilité, coup d'œil, éthique de la responsabilité, et non de la conviction –, on sent quelque chose qui est de l'ordre de la profession de foi[2] ». La soirée se prolongea, apparemment, par une longue discussion nocturne avec un groupe d'étudiants, dans l'appartement de l'une d'entre eux.

Comme il le faisait communément, Weber n'avait écrit, au moment de sa conférence, que des annotations indicatives sur quelques pages. L'original est perdu, mais une copie en a été réalisée par Wolfgang Mommsen en 1958. Celle-ci est conservée à l'université de Düsseldorf. Il existe également une photographie partielle de ces annotations, dans l'ouvrage d'Eduard Baumgarten, *Max Weber, Werk und Person*[3]. La conférence avait

---

1. Karl LÖWITH, *Mein Leben in Deutschland nor und nach 1933*, S.B. Metzle, 1986, p. 16-18.
2. Max REHM, « Erinnerungen an Max Weber », *in Max Weber zum Gedächtnis*, *op. cit.*, p. 25.
3. Eduard BAUMGARTEN, *Max Weber, Werk und Person*, Mohr/Siebeck, Tübingen, 1964.

été sténographiée, et c'est à partir de cette sténographie que Weber a rédigé la version publiée. Il semble qu'il ait largement remanié et augmenté la transcription de son exposé oral, dont il n'était pas satisfait. Le texte que nous connaissons parut pour la première fois, avec *Wissenschaft als Beruf*, au début de l'été 1919.

La conférence qu'à votre demande je dois présenter vous décevra à différents titres. Dans une conférence traitant de la politique comme profession-vocation, vous vous attendez par la force des choses à une prise de position sur les questions du jour. Or il n'y aura rien de tel sinon à la fin, et seulement d'une manière purement formelle, à propos de certaines questions concernant la signification de l'action politique au sein de la conduite de vie dans son ensemble. Il nous faut en revanche exclure totalement dans la présente conférence toutes les questions relatives à *la* politique que l'on *doit* mener, c'est-à-dire aux *contenus* que l'on *doit* donner à son action politique. Car ces préoccupations n'ont rien à voir avec la question générale : qu'est-ce que la politique en tant que profession-vocation et que peut-elle signifier ? – Passons donc à notre sujet !

Qu'entendons-nous sous le terme de politique ? La notion est extraordinairement large, et elle englobe tout type d'activité *conduite* de façon autonome. On parle de la politique des devises des banques, de la politique d'escompte de la Reichsbank, de la politique d'un syndicat dans une grève ; on peut parler de la politique scolaire d'une commune urbaine ou villageoise, de la politique du conseil d'administration d'une association concernant l'orientation de celle-ci, on peut enfin parler de la politique d'une femme intelligente qui cherche à diriger son mari. Nos considérations de ce soir ne s'appuient naturellement pas sur une notion aussi large. Nous n'entendrons aujourd'hui sous cette notion que ceci : la direction ou l'influence exercée sur la direction d'un groupement *politique*, aujourd'hui par conséquent d'un *État*.

Qu'est-ce donc, du point de vue de l'analyse sociologique, qu'un groupement « politique » ? Qu'est-ce qu'un « État » ? Lui non plus ne se laisse pas définir sociologiquement par le contenu de ce qu'il fait. Il n'est presque aucune tâche dont un groupement politique ne se soit chargé à un moment ou à un autre ; il n'y en a aucune non plus, d'autre part, dont on puisse dire qu'elle ait été à toute époque, plus précisément toujours *exclusivement* propre aux groupements que l'on caractérise comme politiques, aujourd'hui : les États, ou les groupements qui ont été historiquement les précurseurs de l'État moderne. Bien plutôt, l'on ne peut finalement définir sociologiquement l'État moderne que par un *moyen* spécifique qui lui appartient en propre, comme à tout groupement politique : la violence physique. « Tout État se fonde sur la violence », disait Trotski pour sa part à Brest-Litovsk[1]. Ce qui est effectivement exact. S'il n'existait que des formations sociales auxquelles le moyen de la violence serait inconnu, *alors* la notion d'« État » aurait disparu, *alors* on aurait affaire à une situation que l'on peut désigner du nom d'« anarchie », en ce sens spécifique. Bien entendu, la violence n'est pas le moyen normal ou le moyen unique de l'État (il n'est pas question de cela), mais elle est son moyen spécifique. De nos jours précisément, la relation de l'État à la violence est particulièrement intime. Dans le passé les groupements les plus divers, à commencer par la parentèle, ont connu la violence physique comme moyen tout à fait normal. Aujourd'hui, en revanche, il nous faut dire que l'État est cette communauté humaine qui, à l'intérieur d'un territoire déterminé (le « territoire » appartient à sa caractérisation), revendique pour elle-même et parvient à imposer le *monopole de la violence physique légitime*. Car ce qui est spécifique à l'époque présente est que tous les autres

---

1. Allusion probable à une formule de Trotski lors des discussions de Brest-Litovsk, telle qu'elle fut rapportée par la *Frankfurter Zeitung* du 17 janvier 1918.

groupements ou toutes les autres personnes individuelles ne se voient accorder le droit à la violence physique que dans la mesure où l'*État* la tolère de leur part : il passe pour la source unique du « droit » à la violence. La « politique » signifierait donc pour nous le fait de chercher à participer au pouvoir ou à influer sur sa répartition, que ce soit entre États ou, au sein d'un État, entre les groupes d'hommes qu'il inclut.

Cette définition correspond pour l'essentiel aussi à l'usage de la langue. Quand on qualifie une question de « politique », quand on dit d'un ministre ou d'un fonctionnaire qu'il est un fonctionnaire « politique », ou d'une décision qu'elle est conditionnée « politiquement », l'on entend toujours par là que des intérêts relatifs à la répartition du pouvoir, à sa conservation ou à son transfert interviennent de manière décisive dans la réponse à cette question, ou bien que ces intérêts conditionnent cette décision, ou encore qu'ils déterminent la sphère d'activité du fonctionnaire concerné. Quiconque fait de la politique aspire au pouvoir : soit comme moyen au service d'autres buts (idéaux ou égoïstes), soit pour le pouvoir lui-même, c'est-à-dire pour le sentiment de prestige dont il procure la jouissance.

De même que les groupements politiques qui l'ont précédé historiquement, l'État est un rapport de *domination* exercé par des hommes sur d'autres hommes, et appuyé sur le moyen de la violence légitime (ce qui signifie : considérée comme légitime). Pour qu'il existe, il faut donc que les hommes dominés se *soumettent* à l'autorité revendiquée par ceux qui se trouvent en position de domination dans chaque cas considéré. Quand et pourquoi le font-ils ? Sur quelles raisons justificatrices internes et sur quels moyens externes s'appuie cette domination ?

En ce qui concerne les justifications internes, donc les raisons sur lesquelles s'étaye la *légitimité* d'une domination (pour commencer par elles), il en est en principe trois[1]. En premier

1. On trouve plusieurs versions de cette typologie dans les écrits de Weber, notamment dans *W&G* I, 3.2., p. 124 *et sq.* (*E&S*, p. 222), ainsi que, plus détaillée, *in W&G*, II, 9.2., p. 548-550.

lieu, l'autorité de l'« éternel hier », c'est-à-dire des *mœurs* sanctifiées par une validité immémoriale et par l'habitude acquise de les respecter : la domination « traditionnelle », telle que l'exerçaient le patriarche et le prince patrimonial de type ancien. Ensuite, l'autorité de la *grâce* personnelle extra-quotidienne (charisme), l'abandon de soi tout à fait personnel et la confiance personnelle dans les révélations, l'héroïsme ou d'autres qualités propres aux chefs qu'un individu se trouve posséder : la domination « charismatique », telle que l'exercent le prophète ou (dans le domaine du politique) le chef de guerre élu, le maître plébiscitaire, le grand démagogue ou le chef de parti politique[1]. Enfin, la domination en vertu de la « légalité », c'est-à-dire de la croyance à la validité d'une *codification* légale et de la « compétence » objective fondée sur l'application de règles instituées de manière rationnelle, donc en vertu de la disposition à l'obéissance et à l'accomplissement des devoirs conformément à cette codification : une domination du type de celle qu'exercent le « serviteur de l'État » moderne et tous les détenteurs de pouvoirs qui lui ressemblent à cet égard. Il va de soi que, dans la réalité, la crainte et l'espoir (crainte de la vengeance des puissances magiques ou du détenteur du pouvoir, espoir d'une récompense sur terre ou dans l'au-delà) interviennent comme motivations extrêmement importantes, et à côté d'eux d'autres intérêts de natures très diverses, pour conditionner la soumission. Nous y revenons bientôt. Mais lorsque l'on s'interroge sur les raisons étayant la « légitimité » de cette soumission, on tombe sur ces trois types « purs ». Et ces représentations relatives à la légitimité ainsi que leur justification interne ont une

1. On trouve une énumération convergente des exemples de « dominants charismatiques » dans l'introduction à *L'Éthique économique des religions mondiales*, *in SR*, p. 370 : « Le magicien, le prophète, le chef d'expéditions de chasse ou de rapine, le chef de guerre, le maître "à la César", éventuellement le chef de parti dans sa personne représentent ce type de dominant [le type charismatique] dans ses rapports à ses disciples, à sa suite, à la troupe qu'il a levée, au parti, etc. »

importance considérable pour la structure de la domination. Les types purs se rencontrent, il est vrai, rarement dans la réalité. Mais l'on ne peut aujourd'hui aborder les variantes, les formes de transition et les combinaisons extrêmement embrouillées de ces types purs : ces problèmes relèvent de la « théorie générale de l'État[1] ». Nous intéresse ici avant tout le deuxième de ces types : la domination qui repose sur l'abandon de soi de ceux qui obéissent au charisme purement « personnel » du « chef[2] ». Car c'est ici que s'enracine l'idée de *vocation* dans son expression la plus extrême. L'abandon au charisme du prophète, du chef durant la guerre ou du très grand démagogue dans l'*ecclesia*[3] ou au Parlement, signifie que celui-ci [prophète, chef ou grand démagogue] passe personnellement pour le conducteur des hommes, intérieurement « appelé » (*berufen*) à ce rôle, et que ceux-ci se soumettent à lui non en vertu des mœurs ou de règlements statutaires, mais parce qu'ils croient en lui. Lui-même vit pour sa cause, il « aspire à son œuvre[4] », s'il est plus qu'un petit parvenu vaniteux et opportuniste. Mais l'abandon de

1. Allusion à la grande œuvre de Georg JELLINEK (juriste, collègue et ami de Max Weber), *Allgemeine Staatslehre*, publiée à Berlin en 1900. Sur les rapports de Max Weber et de Georg Jellinek, *cf.* notamment Gangolf HÜBINGER, « Staatstheorie und Politik als Wissenschaft im Kaiserreich : Georg Jellinek, Otto Hintze, Max Weber », *in* H. MAIER, U. MATZ, K. SONTHEIMER, P.L. WEINACHT (éd.), *Politik, Philosophie, Praxis. Festschrift für Wilhelm Hennis zum 65. Geburtstag*, Klett-Cotta, 1988.
2. *Cf.* introduction à *L'Éthique économique des religions mondiales* (*SR*, p. 370) : « "Autorité charismatique" signifie […] : une domination (qu'elle soit plutôt externe ou interne) exercée sur des hommes, à laquelle les dominés se plient en vertu de la croyance en cette qualité attachée à cette personne en particulier. »
3. *Ecclesia* : assemblée des hommes libres dans les cités de la Grèce antique.
4. Il s'agit d'une référence à un passage de NIETZSCHE, *Ainsi parlait Zarathoustra*, traduction de Georges-Arthur Goldschmidt, LFG, 1983, p. 281 : « Ses animaux se mirent pensivement à tourner autour de lui pour, enfin, se poster devant lui. "Ô Zarathoustra, dirent-ils, est-ce ton bonheur que tu cherches des yeux ?" – Qu'importe le bonheur ! répondit-il, il y a bien longtemps que je n'aspire plus au bonheur, ce à quoi j'aspire, c'est à mon œuvre. »

ceux qui le suivent (disciples, adeptes, partisans liés de façon tout à fait personnelle) va à sa personne et à ses qualités. C'est dans les deux figures, très importantes dans le passé, du magicien et du prophète d'une part, du chef de guerre élu, du chef de bande, du condottiere d'autre part, que le phénomène du chef est apparu dans toutes les régions et dans toutes les époques historiques. Mais ce qui est particulier à l'Occident et ce qui nous concerne de plus près est le phénomène du chef *politique*, tout d'abord dans la figure du « démagogue[1] » libre. Celui-ci est apparu sur le sol de la cité-État, que l'on ne rencontre qu'en Occident, avant tout dans la culture méditerranéenne. On le rencontre ensuite dans la figure du « chef de parti » parlementaire, qui s'est formé sur le sol de l'État constitutionnel, lui-même aussi un produit propre à l'Occident.

Mais ces hommes politiques par « vocation », au sens le plus propre du terme, ne sont bien sûr nulle part les seules figures déterminantes dans le mécanisme de la lutte politique pour le pouvoir. Ce qui est bien plutôt décisif est le type de moyens dont ils disposent. Comment les pouvoirs[2] politiquement dominants s'y prennent-ils pour imposer leur domination ? Cette question se pose pour tous les types de domination, donc aussi pour la domination politique dans toutes ses formes : pour la domination traditionnelle comme pour la domination légale ou la domination charismatique.

Toute entreprise de domination qui exige une administration continue a besoin, d'une part, d'hommes prêts à agir en obéis-

---

1. Le terme « démagogue » n'est pas toujours connoté péjorativement sous la plume de Max Weber. Il ne l'est pas dans le cas présent, où il s'agit de caractériser une forme de domination politique. *Cf. infra*, p. 151, ainsi que, dans ma préface, les références aux passages du *Judaïsme antique* qui présentent les prophètes de l'Ancien Testament comme les premiers démagogues apparus dans l'histoire.
2. « *Gewalten* » : il s'agit ici des pouvoirs établis. La distribution des termes allemands *Gewalt*, *Gewaltsamkeit*, *Macht*, est différente de celle des termes correspondants français : pouvoir, violence, puissance, et la traduction doit être tranchée au cas par cas.

sant aux maîtres qui prétendent être les détenteurs de la violence légitime, et elle a besoin, d'autre part, de disposer, par le biais de cette obéissance, des biens matériels nécessaires pour exercer le cas échéant la violence physique. En d'autres termes, elle a besoin de personnes constituant un état-major administratif et de moyens matériels d'administration.

L'état-major administratif qui, comme il en va dans toute entreprise[1], représente l'entreprise politique de domination dans ses manifestations extérieures, n'est bien sûr pas attaché à l'obéissance envers le détenteur du pouvoir uniquement par la représentation de légitimité dont il vient d'être question, mais il l'est encore par deux moyens qui font appel à l'intérêt personnel : la rétribution matérielle et l'honneur social. Les fiefs des vassaux, les prébendes des fonctionnaires patrimoniaux, le traitement des serviteurs de l'État moderne, l'honneur des chevaliers, les privilèges des ordres, l'honneur des fonctionnaires, constituent leurs rétributions, et la peur de les perdre est ce qui fonde de manière ultime et décisive la solidarité de l'état-major administratif avec le détenteur du pouvoir. La chose est également valable pour la domination charismatique des chefs : honneur guerrier pour la suite du chef de guerre, « *spoils*[2] », c'est-à-dire l'exploitation des dominés par le biais du monopole

1. La comparaison entre l'État et l'entreprise industrielle est un thème récurrent dans les écrits politiques de Max Weber. On la retrouvera plus loin dans le présent texte, spécifiée, entre l'État moderne et l'entreprise capitaliste. Le point de similitude fondamental réside dans la « séparation » entre les travailleurs (l'état-major administratif dans le cas de l'État) et les moyens matériels de l'entreprise. Cette similitude n'empêche pas des différences importantes, comme Weber le rappellera plus loin (*cf. infra*, p. 127 : la gestion des entreprises économiques capitalistes, malgré l'importance des analogies, « obéit en son cœur à de tout autres lois que l'administration politique ».)

2. Le « *spoils system* » (« système des dépouilles »), instauré par Andrew Jackson, septième président des États-Unis (élu une première fois en 1828, et réélu en 1832), consiste dans l'installation des partisans du candidat victorieux aux postes de commande de l'administration. *Cf. infra*, p. 171 *et sq.*

des charges, des profits d'origine politique et des primes de vanité pour les partisans du démagogue.

Toute domination violente requiert pour sa perpétuation certains biens matériels extérieurs, comme il en va pour une entreprise économique. Or toutes les organisations étatiques se laissent classer en deux types. Certaines reposent sur le principe selon lequel les hommes (fonctionnaires ou autres) constituant l'état-major sur l'obéissance duquel le détenteur du pouvoir doit compter possèdent *en propre* les moyens de l'administration, qu'il s'agisse d'argent, de bâtiments, de matériel de guerre, de parc roulant, de chevaux ou de quoi que ce soit d'autre. Dans d'autres cas, l'état-major administratif est « séparé » des moyens de l'administration, au même sens où, au sein de l'entreprise capitaliste, l'employé et le prolétaire sont aujourd'hui « séparés » des moyens matériels de la production[1]. Par conséquent : ou bien le détenteur du pouvoir a l'administration *en régie propre*, de telle manière qu'il l'organise, et il la fait gérer par des serviteurs personnels, des fonctionnaires qu'il embauche ou des favoris et des hommes de confiance personnels, lesquels ne sont pas propriétaires, c'est-à-dire possesseurs en droit propre des moyens matériels de l'entreprise, mais sont dirigés dans cette activité par le maître ; ou bien c'est le contraire. Cette distinction traverse toutes les organisations administratives du passé.

Nous nommerons groupement organisé de façon « statutaire » (*ständisch gegliederter Verband*[2]) un groupement politique dans lequel les moyens matériels de l'administration relèvent totalement ou en partie du pouvoir propre de l'état-major administratif

---

1. Le thème de la « séparation » des travailleurs d'avec les moyens de production est emprunté à Marx. *Cf. supra*, « La science comme vocation et profession », p. 70, note 2.
2. Le terme « *Stand* » (et l'adjectif « *ständisch* ») est l'un des casse-tête des traducteurs de Weber en français. Nous l'avons parfois rendu par « état » (au sens où les historiens médiévistes utilisent le mot), d'autres fois par « statut ». À titre exceptionnel, dans le cas de ce terme (comme dans celui d'*Anstalt*, *cf. infra*, p. 127, note 2), nous rappelons systématiquement le terme allemand entre parenthèses.

dépendant. Le vassal par exemple, dans le lien féodal, finançait sur ses propres fonds l'administration et la justice sur le domaine qu'il détenait en fief, il s'équipait et s'approvisionnait lui-même pour la guerre ; ses propres vassaux faisaient de même. Cela avait naturellement des conséquences pour la position de pouvoir du seigneur, laquelle reposait uniquement sur le lien de fidélité personnel et sur le fait que la possession du fief et l'honneur social du vassal tiraient leur légitimité du seigneur.

Mais l'on trouve aussi partout, jusque dans les formations politiques des époques les plus reculées, la régie propre du maître : à l'aide d'hommes qui dépendent personnellement de lui (esclaves, employés domestiques, serviteurs, « favoris » personnels et prébendiers qu'il rétribue en argent ou en nature en tirant sur ses propres magasins), il cherche à s'emparer de l'administration, à la pourvoir en moyens en puisant dans sa propre poche (sur les revenus de son patrimoine), à créer une armée qui dépende exclusivement de lui, personnellement, parce qu'elle est équipée et approvisionnée sur ses entrepôts, ses magasins, ses salles d'armes. Tandis que dans le groupement « statutaire » le maître domine avec l'aide d'une « aristocratie » autonome, et qu'il partage par conséquent la domination avec elle, il s'appuie ici sur des serfs ou sur des plébéiens, c'est-à-dire des couches de non-possédants, dépourvus d'honneur social propre, qui lui sont totalement liés du point de vue matériel et qui ne disposent d'aucun pouvoir propre à lui opposer. Toutes les formes de domination patriarcale et patrimoniale, de despotisme de sultan et d'organisation étatique bureaucratique appartiennent à ce type[1]. C'est le cas

1. On trouve, dans *Économie et Société*, les définitions suivantes des dominations patrimoniale et sultanique : « On appellera domination patrimoniale toute domination orientée principalement dans le sens de la tradition, mais exercée en vertu d'un droit personnel absolu ; sultanique, une domination patrimoniale qui, dans la manière dont elle est administrée, se meut principalement dans la sphère de l'arbitraire non lié à la tradition » (*E&S*, p. 238).

en particulier de l'ordre étatique bureaucratique, donc de cette domination qui, sous sa forme la plus rationnellement développée, est aussi et précisément la forme caractéristique de l'État moderne.

Le développement de l'État moderne s'amorce partout où le prince commence à exproprier les détenteurs de pouvoir administratif « privés » et indépendants qui existent à côté de lui, c'est-à-dire ceux qui possèdent en propre les moyens d'une entreprise administrative, guerrière, financière, ainsi que des biens utilisables politiquement. L'ensemble du procès est parfaitement parallèle avec le développement de l'entreprise capitaliste par l'expropriation progressive des producteurs indépendants. On constate à la fin que, dans l'État moderne, la disposition de tous les moyens de l'entreprise politique converge effectivement sur une seule tête, il n'est pas un seul fonctionnaire qui soit encore propriétaire à titre personnel de l'argent qu'il dépense, ou des bâtiments, réserves, outils, machines de guerre dont il dispose. Dans l'État contemporain (c'est un élément essentiel à son concept), la « séparation » entre l'état-major administratif, employés et ouvriers de l'administration, et les moyens matériels de l'entreprise, est donc complètement réalisée. C'est ici que débute maintenant le développement le plus moderne et que l'on s'essaye sous nos yeux à mettre en œuvre l'expropriation de cet expropriateur des moyens politiques[1] et, avec eux, du pouvoir politique. La Révolution[2] a au moins réalisé cela dans la mesure où, à la place des autorités établies, des chefs sont apparus, qui se sont emparés, par l'usurpation ou par l'élection, du pouvoir de disposer de l'état-major et de l'appareil des biens matériels, et qui font dériver leur légitimité – peu

---

1. L'« expropriation des expropriateurs » : allusion à un passage de MARX, *Le Capital*, livre I, section 8 (« L'accumulation primitive »), chap. XXXII (« La tendance historique de l'accumulation capitaliste »), Éd. Sociales, Paris, 1950, tome 3, p. 205.
2. Il s'agit de la révolution russe de 1917.

importe avec quel droit – de la volonté des dominés. C'est autre chose de savoir si, sur la base de ce succès (du moins apparent), la Révolution est en droit d'espérer mener à bien aussi l'expropriation au sein des entreprises économiques capitalistes dont la gestion, malgré des analogies importantes, obéit en son cœur à de tout autres lois que l'administration politique[1]. Nous ne nous prononcerons pas sur ce point aujourd'hui. Je me contente pour notre analyse de fixer l'élément purement *conceptuel* ; l'État moderne est un groupement de domination de type institutionnel (*anstaltsmässig*)[2] qui s'est efforcé et a réussi à monopoliser, à l'intérieur d'un territoire, la violence physique légitime comme moyen de domination, et qui a rassemblé à cette fin entre les mains de ses dirigeants les moyens matériels de l'entreprise, tandis qu'il

---

1. *Cf.* la conférence que Weber a consacrée au socialisme : *Der Sozialismus, in MWS* I/15, p. 303-326.
2. Le terme *Anstalt* et l'adjectif qui lui correspond, *anstaltsmässig*, ont des significations techniques très particulières chez Weber. On trouve une caractérisation de l'*Anstalt*, dans sa différence d'avec le *Verband* (dans la traduction française, respectivement, « institution » et « groupement ») dans l'« Essai sur quelques catégories de la sociologie compréhensive » (*ETS*, p. 384-398). Sur les sources possibles du concept wébérien d'*Anstalt*, *cf.* Stefan BREUER, *Bürokratie und Charisma,* Wissenschaftliche Buchgesellschaft, Darmstadt, 1994, p. 10, note 4. Parmi ces sources, Stefan Breuer nomme Otto Gierke (chez lequel Weber avait étudié l'histoire du droit allemand). Selon Gierke, la notion d'*Anstalt* aurait été empruntée au droit canonique, dans lequel il désignait l'Église en tant qu'incarnation visible d'une volonté transcendante dont elle tire son unité. Cet usage se rencontre également chez Weber. Toutefois, son recours au terme d'*Anstalt* pour qualifier un type de groupement politique s'accompagne d'un déplacement du critère distinctif, lequel réside désormais dans la codification rationnelle. On trouvera quelques éléments d'analyse de cette notion dans Catherine COLLIOT-THÉLÈNE, « Habermas et Max Weber : la rationalisation du droit », *in Études wébériennes*, PUF, Paris, 2001, p. 227-232, et, plus détaillés encore, dans Catherine COLLIOT-THÉLÈNE, « La fin du monopole de la violence légitime ? », article à paraître dans la *Revue d'études comparatives Est/Ouest*. – « Institution » et « institutionnel » sont à l'évidence des traductions insuffisantes. Faute de mieux, nous indiquons systématiquement le terme allemand entre parenthèses.

expropriait tous les fonctionnaires qui, en vertu des droits propres des « états » (*Stände*), disposaient jadis de façon autonome des ces moyens, et qu'il s'est mis à leur place au sommet de l'État.

Au cours de ce procès d'expropriation politique qui s'est déroulé dans tous les pays du monde, avec des résultats divers, sont apparues les premières catégories d'« hommes politiques professionnels » (*Berufspolitiker*) entendus en un *second* sens, tout d'abord *au service* des princes : à savoir des gens qui ne voulaient pas devenir eux-mêmes des maîtres, à l'instar des chefs charismatiques, mais qui se mettaient *au service* des maîtres politiques. Il se sont mis à la disposition des princes dans cette lutte, et ils ont fait de ce service au profit de la politique du prince aussi bien le moyen matériel de gagner leur vie que le contenu idéel de cette vie. C'est en Occident encore et *seulement* que nous rencontrons *ce* type d'hommes politiques professionnels, non seulement au service des princes, mais aussi d'autres pouvoirs. Ils ont été pour les princes, dans le passé, leur instrument de pouvoir le plus important et leur instrument principal pour réaliser l'expropriation politique.

Avant de les étudier plus avant, établissons clairement, sans ambiguïté et sous tous ses aspects, ce que représente l'existence de semblables « hommes politiques professionnels ». On peut « faire de la politique » – donc chercher à influencer la répartition du pouvoir entre et au sein des formations politiques – aussi bien de façon occasionnelle que professionnelle, que ce soit à titre de profession secondaire ou principale, de même que pour l'activité économique. De la politique de façon « occasionnelle », nous en faisons tous quand nous déposons notre bulletin de vote ou quand nous accomplissons une manifestation de volonté analogue, par exemple en applaudissant ou en protestant dans une réunion « politique », quand nous tenons un discours « politique », etc. Pour beaucoup de gens, toute leur relation à la politique se réduit à cela[1]. Exercent la politique à titre de « profession secondaire » aujourd'hui, par exemple, tous les « hommes de confiance[1] » et les dirigeants d'associations de type partis politiques, lesquels ne font de la politique (comme c'est généralement la règle) qu'en cas de besoin, et qui ne vivent pas *avant tout* de cette activité, ni du point de vue matériel ni du point de vue idéel. Il en va de même des membres des différents conseils d'État et des organismes consultatifs du même genre, qui ne fonctionnent qu'à la demande. Mais c'est aussi le cas d'assez larges couches de nos parlementaires, qui ne font de la politique que durant les périodes des sessions du Parlement. Dans le passé, nous trouvons des couches de ce genre dans les « états » (*Stände*). Nous appelons « états » les possesseurs en droit propre de moyens d'entreprendre, moyens militaires ou moyens matériels importants pour l'administration, ou de pouvoirs de commandement personnels. Une grande partie d'entre eux étaient loin de consacrer leur vie, entièrement ou même de façon privilégiée, ou plus qu'occasionnelle, au service de la politique. Ils utilisaient bien plutôt leur pouvoir de domination afin d'obtenir des rentes ou même simplement du profit, et ils ne devenaient politiquement actifs, au service du groupement politique, que lorsque leur

---

1. Ce qui est à la fois peu et beaucoup. Dans « Wahlrecht und Demokratie in Deutschland » (« Droit de vote et démocratie en Allemagne »), Weber souligne les aspects positifs du vote, singulièrement du suffrage universel égalitaire (contre l'idée, pour laquelle militaient certains publicistes de l'époque, d'une représentation corporatiste). Le droit de vote égal pour tous est ce qui fait le citoyen moderne dans la mesure où ce droit établit un plan d'égalité où toutes les particularités sociales sont suspendues. « C'est seulement avec l'État moderne qu'apparaît le concept de "citoyen (d'État)". […] Et le droit de vote égalitaire ne signifie d'abord tout simplement rien d'autre que le fait qu'en ce point précis de la vie sociale, l'individu n'est pas pris en considération comme partout ailleurs en fonction de ce qui lui est particulier, sa situation professionnelle ou familiale, ou de la diversité qui est sienne, sa condition matérielle et sociale, mais bien seulement en tant que citoyen (d'État). Ce qui s'exprime là, c'est l'unité du peuple d'un État, au lieu de la division entre les sphères privées. » (*MWS* I/15, p. 170.)

1. Le « *Vertrauensmann* » (« homme de confiance ») servait d'intermédiaire entre un parti et ses électeurs.

maître ou ceux qui appartenaient au même état (*Standesgenossen*) l'exigeaient de façon particulière. Il n'en allait pas autrement non plus de ces forces d'appoint que le prince a enrôlées dans la lutte qu'il a menée pour créer une entreprise politique propre dont il soit seul à disposer. Les conseillers privés[1] et, en remontant plus haut encore, une partie considérable des conseillers qui se réunissaient dans la « *curia*[2] » et les autres organismes consultatifs du prince avaient ce caractère. Mais ces forces d'appoint occasionnelles, ou qui exerçaient ces fonctions à titre de profession secondaire, ne suffisaient naturellement pas pour que le prince puisse s'en sortir. Il lui fallut chercher à se procurer des forces d'appoint consacrées entièrement ou exclusivement à son service, qui exerçaient donc ces fonctions à titre de profession principale. L'origine de ces forces détermina de façon tout à fait essentielle la structure de la formation politique dynastique naissante, et non seulement celle-ci, mais aussi le caractère d'ensemble de la culture concernée. À plus forte raison les groupements politiques qui se sont constitués politiquement comme des républiques dites « libres » – « libres » non pas au sens où elles eussent été libres de domination violente, mais en ce sens qu'il y manquait le pouvoir princier, légitime en vertu de la tradition (et la plupart du temps consacré religieusement) en tant que source exclusive de l'autorité –, en supprimant complètement ou en limitant largement le pouvoir du prince, se trouvèrent-ils confrontés à la même nécessité. Historiquement, ces groupements ont leur foyer exclusivement en Occident, et leur germe fut la ville, en tant que groupement politique, telle qu'elle est apparue pour la première fois dans la

---

1. « *Räte von Haus aus* » dans les territoires allemands, depuis la fin du Moyen Âge jusqu'au XVIIe siècle, cette expression désignait les membres du conseil du prince qui ne vivaient pas à la cour, que le prince consultait en leurs lieux de résidence lors de ses déplacements.
2. Dans la France et l'Angleterre du Moyen Âge, la « *curia regis* » était une juridiction rassemblant autour du roi ses conseillers personnels et les grands du royaume. Elle traitait généralement des affaires publiques.

civilisation méditerranéenne[1]. À quoi ressemblaient, dans tous ces cas, les hommes pour lesquels la politique était leur profession *principale* ?

Il y a deux manières de faire de la politique sa profession. Ou bien l'on vit « pour » la politique, ou bien « de » la politique[2]. L'opposition n'est aucunement exclusive. En règle générale l'on fait bien plutôt l'un et l'autre, au plan idéel du moins, la plupart du temps aussi au plan matériel : quiconque vit « pour » la politique en « fait sa vie », en un sens intime. Ou bien il jouit de la possession nue du pouvoir qu'il exerce, ou bien il nourrit son équilibre intérieur ou le sentiment qu'il a de soi par la conscience qu'en servant une « cause », il donne un sens à sa vie. En ce sens intime tout homme sérieux qui vit pour une cause vit aussi de cette cause. La distinction se rapporte donc à un aspect beaucoup plus grossier du phénomène, à savoir son aspect économique. Vit « de » la politique en tant que profession celui qui cherche à en faire une source permanente de revenu, « pour » la politique celui pour lequel ce n'est pas le cas. Pour que quelqu'un puisse vivre « pour » la politique en ce sens économique, il faut que, quand règne l'ordre de la propriété privée, quelques présuppositions, très triviales si vous voulez, soient données : il faut que, dans des conditions normales, cet homme soit indépendant économiquement des revenus que la politique peut lui apporter. Ce qui signifie, de façon très simple, qu'il doit être riche ou bien occuper une position privée qui lui rapporte des revenus suffisants. Ainsi en va-t-il du moins

1. Le rôle joué par la ville occidentale médiévale dans la formation des institutions politiques de l'Europe moderne constitue la matière d'une partie d'*Économie et Société*. *Cf.* l'édition critique du texte allemand (édité par Wilfred Nippel) dans *MWG*, I/22. La seule traduction française de ce texte existante à ce jour (*La Ville*, Aubier, Paris, 1982) est pratiquement inutilisable.

2. *Cf.* un passage comparable *in* « *Parlament und Regierung* » (« Parlement et gouvernement »), *MWS* I/15, p. 244 : « L'homme politique professionnel peut être soit un homme qui vit seulement *de* la politique, de son activité, de ses influences, de ses chances. Ce peut être aussi quelqu'un qui vit *pour* la politique. »

dans des conditions normales. Il est vrai que les partisans du prince guerrier s'inquiètent aussi peu des conditions d'une économie normale que les partisans du héros révolutionnaire de la rue. Les uns et les autres vivent de butin, de rapines, de confiscations, de contributions, de l'imposition forcée de moyens de paiement dépourvus de valeur, toutes choses qui reviennent essentiellement au même. Mais ce sont nécessairement des phénomènes qui sortent du quotidien[1] : dans l'économie quotidienne seule la fortune personnelle fournit ce service. Mais ceci seul ne suffit pas : il faut en outre que cet homme soit économiquement « disponible », c'est-à-dire que ses revenus ne soient pas liés à un engagement personnel et constant de sa force de travail et de sa pensée, complètement ou de façon largement prépondérante, au service de l'activité avec laquelle il gagne sa vie[2]. Or celui qui est disponible en ce sens, de la façon la plus inconditionnelle, est le rentier, c'est-à-dire celui qui, sans aucune contrepartie en travail, tire des revenus soit – comme les seigneurs fonciers du passé, les grands propriétaires fonciers et les seigneurs (*Standesherren*) d'aujourd'hui – de rentes foncières (également, dans l'Antiquité et au Moyen Âge, des rentes que leur assure la possession d'esclaves et de dépendants), soit de titres, ou d'autres sources de rente comparables. Ni l'ouvrier ni l'entrepreneur (ceci doit être particulièrement souligné), pas même, et précisément pas le grand entrepreneur moderne, ne sont disponibles en ce sens. Car l'entrepreneur aussi, et précisé-

1. Nous gardons dans notre traduction du terme « *ausseralltäglich* » la référence au quotidien, plutôt que de le traduire par « extraordinaire ». La thématique du quotidien, de l'exception au quotidien, de la transformation que subissent les structures de pouvoir quand elles passent du régime de l'exception à celui du quotidien, occupe en effet une place tout à fait centrale dans l'interprétation wébérienne des formes de vie ainsi que des formes de domination. *Cf.* le glossaire raisonné de Jean-Pierre Grossein, que nous suivons sur ce point (*in SR*, p. 123-124).
2. Le thème de la « disponibilité » est récurrent dans les textes politiques de Weber. Elle est à ses yeux un élément essentiel qu'il importe de prendre en compte pour comprendre les différences entre les formes de domination.

ment lui – l'entrepreneur industriel beaucoup plus que l'entrepreneur agricole, du fait du caractère saisonnier de l'agriculture –, est lié à son entreprise, et il n'est pas disponible. Il lui est la plupart du temps très difficile de se faire remplacer, même de façon seulement temporaire. Le médecin, par exemple, est tout aussi peu disponible, et il l'est d'autant moins qu'il est plus brillant et plus occupé. L'avocat l'est déjà plus facilement, pour des raisons purement liées à la technique de son entreprise ; c'est pourquoi il a joué, en tant qu'homme politique professionnel, un rôle incomparablement plus grand, et souvent un rôle quasiment prépondérant[1]. Nous n'entendons pas poursuivre cette casuistique plus avant, mais nous explicitons quelques-unes de ses conséquences.

La direction d'un État ou d'un parti par des gens qui vivent exclusivement (au sens économique du terme) pour la politique, et non de celle-ci, implique nécessairement un recrutement « ploutocratique » des couches politiquement dirigeantes. Il est vrai que cette proposition ne signifie pas que, à l'inverse, l'existence d'une telle direction ploutocratique impliquerait aussi en même temps que la couche politiquement dominante ne cherche *pas* aussi à vivre « de » la politique, donc qu'elle ne s'efforce pas d'exploiter aussi sa domination politique au profit de ses intérêts économiques privés. Il n'en est naturellement pas question. Il n'a pas eu de couche sociale qui ne l'ait fait de quelque manière. Cela signifie seulement que les hommes politiques professionnels ne sont pas directement forcés de chercher une rétribution financière *pour* leur activité politique, comme doit en réclamer naturellement toute personne dépourvue de ressources.

---

1. *Cf.*, dans le même sens, « Parlament und Regierung » (« Parlement et gouvernement »), *op. cit.*, p. 244 : « Parmi les couches liées à une entreprise, seuls les avocats sont "disponibles" et donc propres à donner des hommes politiques professionnels. Même s'il est vrai qu'un régime dominé par les seuls avocats ne serait pas souhaitable, il est sot de faire comme nos littérateurs en ont pris l'habitude et de disqualifier les avocats pour la carrière politique. »

Et, d'autre part, cela ne signifie pas, par exemple, que des hommes politiques sans fortune auraient uniquement, ou même seulement pour objectif principal, de pourvoir à leurs besoins économiques privés par la politique et qu'ils ne penseraient pas, ou du moins pas prioritairement, « à la cause ». Rien ne serait plus faux. L'expérience montre que le souci de la « sécurité » économique de son existence est pour l'homme fortuné – qu'il en ait conscience ou pas – un point cardinal de toute l'orientation de sa vie. L'idéalisme politique implacable et sans présupposé se rencontre, sinon exclusivement[1], du moins précisément chez ceux qui, du fait de leur absence de fortune, sont tout à fait extérieurs aux couches qui ont intérêt au maintien de l'ordre économique d'une société déterminée. Cela est particulièrement vrai dans les époques qui sortent du quotidien[2], donc les époques révolutionnaires. Mais notre thèse signifie seulement qu'un recrutement *non* ploutocratique des personnes qui ont un intérêt pour la politique (*Interessenten*[3]), c'est-à-dire des chefs et de leurs partisans, est lié à la présupposition évidente que ces personnes tirent des revenus réguliers et sûrs de l'activité entrepreneuriale politique. La politique peut être pratiquée à titre

1. La réserve n'est pas seulement rhétorique. Weber n'exclut pas en effet que les couches possédantes puissent constituer à l'occasion le terreau de l'idéalisme politique. *Cf.* « Wahlrecht und Demokratie » (« Droit de vote et démocratie »), *MWS* I/15, p. 178 : « Les expériences faites par les partis politiques démocratiques russes, y compris d'extrême gauche, qui ont vu des filles de prince monter se battre sur les barricades et des mécènes menant fort grand train mettre des moyens financiers à la disposition de ce mouvement populaire, montrent que l'intérêt économique personnel d'idéologues fortunés laisse à l'activité idéaliste que leur dicte leur conviction franchement démocratique une marge de manœuvre bien plus grande que celle dont dispose n'importe quelle couche sociale reconnue socialement, plus plébéienne, mais de ce fait directement impliquée dans la lutte où plusieurs intérêts s'affrontent, et ce parce que l'état de leur fortune ne dicte pas nécessairement leur comportement et leurs orientations politiques, mais qu'il peut en revanche servir de soutien aux convictions politiques indépendantes qui sont les leurs. »
2. *Cf. supra*, p. 132, note 1.
3. *Cf. infra*, p. 156, note 1.

« honorifique », et elle l'est alors par des gens, comme l'on dit, « indépendants », c'est-à-dire riches, des rentiers avant tout. Ou bien sa pratique est rendue accessible à ceux qui sont sans fortune, et alors elle doit être rétribuée. L'homme politique professionnel qui vit de la politique peut être un pur « prébendier » ou un « fonctionnaire » rétribué. Ou bien il touche des revenus qui proviennent de taxes et de droits casuels[1] acquittés pour des prestations déterminées – les pourboires et les pots-de-vin ne sont qu'une variété irrégulière et formellement illégale de cette catégorie de revenus –, ou bien il reçoit un salaire en nature ou un traitement en argent, ou l'un et l'autre conjointement. Il peut prendre le caractère d'un « entrepreneur », comme le condottiere, le fermier des offices ou le vendeur d'offices du passé, ou encore comme le *boss*[2] américain, lequel considère les frais qu'il engage comme un investissement de capital qu'il fait fructifier en exploitant son influence. Ou bien il peut recevoir un traitement fixe, comme un rédacteur ou un secrétaire de parti, un ministre moderne ou un fonctionnaire politique. Dans le passé les fiefs, les donations de terres, les prébendes de toutes sortes, avec le développement de l'économie monétaire en particulier les droits casuels, étaient le type de rémunération caractéristique que les princes, les conquérants ou les chefs de partis victorieux allouaient à leurs partisans ; aujourd'hui ce sont des postes de toutes sortes, dans les partis, les journaux, les coopératives, les caisses d'assurance maladie, les communes et les États, que les chefs de partis attribuent en remerciement de services fidèles. Toutes les luttes de partis ne sont pas seulement des luttes pour des buts fondamentaux (*sachlich*[3]), mais avant tout aussi pour la disposition des postes. Toutes les luttes entre les tendances particularistes et centralistes en Allemagne tournent

1. Droits casuels : au Moyen Âge, des taxes dues en retour de prestations administratives.
2. Sur le *boss* américain, *cf. infra*, p. 173 *et sq*.
3. Dans cette page, le terme « *sachlich* » se rapporte manifestement au contenu du programme des partis. *Cf.* notre préface, *supra*, p. 21 *et sq*.

avant tout aussi autour de la question de savoir quels sont les pouvoirs, ceux de Berlin, de Munich, de Karlsruhe ou de Dresde, qui vont avoir la haute main sur les postes[1]. Un revers dans la participation à la distribution des charges est plus mal ressenti par les partis que des atteintes à leurs buts fondamentaux. En France, un mouvement préfectoral inspiré par la politique des partis a toujours passé pour un bouleversement plus grand et causé plus de bruit qu'une modification du programme gouvernemental, dont la signification était presque purement phraséologique. Beaucoup de partis, ceux d'Amérique notamment, sont, depuis la disparition des vieilles oppositions sur l'interprétation de la Constitution, de purs partis de chasseurs de postes et ils modifient le contenu de leur programme (*ihr sachliches Programm*) au gré des chances de la pêche aux voix. En Espagne, jusqu'à ces dernières années, les deux grands partis alternaient selon un roulement fixé de manière conventionnelle, à travers des « élections » fabriquées par en haut, afin d'attribuer des postes à leurs partisans. Dans les territoires des colonies espagnoles, ce qui est en jeu dans les prétendues « élections » comme dans les prétendues « révolutions », c'est toujours la mangeoire de l'État à laquelle les vainqueurs souhaitent être nourris. En Suisse, les partis se répartissent pacifiquement les postes entre eux par le biais de la proportionnelle, et beaucoup de nos projets de constitutions « révolutionnaires », ainsi par exemple le premier qui ait été élaboré pour le pays de Bade[2], ont voulu étendre

1. Dès la fin de la guerre, l'élaboration d'une nouvelle constitution pour l'Allemagne s'imposa de manière urgente. La forme, fédéraliste ou non, du nouvel État allemand, était l'un des points en discussion. Weber est intervenu dans ce débat (en faveur de la solution fédéraliste), notamment dans une série d'articles parus en novembre 1918 dans la *Frankfurter Zeitung*, ultérieurement rassemblés, dans une version révisée, sous le titre *Deutschlands künftige Staatsform* (*La Forme future de l'État allemand*). *Cf.* Wolfgang MOMMSEN, *Max Weber et la politique allemande*, *op. cit.*, p. 423 *et sq.*
2. Il s'agit du projet de constitution présenté par le social-démocrate Eduard Dietz (conseiller municipal de Karlsruhe) fin 1918.

ce système aux postes ministériels, traitant ainsi l'État et les charges de la fonction publique comme un pur institut d'approvisionnement en prébendes. Le parti du Centre[1], surtout, s'est enthousiasmé pour ce projet, et il a même inscrit dans son programme la distribution proportionnelle des postes selon les confessions, donc sans égard aux résultats électoraux. Avec le nombre croissant des postes, conséquence de la bureaucratisation générale, et avec l'augmentation de ceux qui les convoitent parce que ces postes sont une forme spécifiquement *garantie* de revenus, cette tendance s'accroît pour tous les partis, et ceux-ci deviennent de plus en plus pour leurs partisans des moyens pour obtenir ce genre de revenus.

Cette tendance est contrecarrée par le développement du corps des fonctionnaires modernes en une couche de travailleurs intellectuels dotés d'une compétence professionnelle spécialisée, grâce à une formation qui s'étend sur de longues années, des travailleurs hautement qualifiés donc, dont le sens de l'*honneur* lié à leur état (*ständisch*) et l'intérêt pour l'intégrité sont très développés[2]. Sans eux le danger d'une corruption terrible et d'une médiocrité générale planerait sur nous comme un destin, et il menacerait même les activités purement techniques de l'appareil d'État, activités dont l'importance pour l'économie

---

1. Le *Zentrum* est un parti catholique, fondé en 1870, qui joua un rôle important sous le IIe Reich et sous la République de Weimar. Un certain nombre de partis locaux, opérant dans les limites d'un *Land* et qui lui étaient idéologiquement affiliés, portaient le même nom.

2. On a surtout retenu des analyses wébériennes relatives à l'appareil bureaucratique des fonctionnaires sa critique de leur incapacité politique. Cette critique s'accompagne, comme on le voit ici, d'un éloge souvent réitéré de la compétence et de l'intégrité des fonctionnaires. *Cf.* dans le même sens, « Parlament und Regierung » (« Parlement et gouvernement »), *in MWS* I/15, p. 235 : « La fonction publique a fait brillamment ses preuves partout où elle a dû témoigner de son sens du devoir, de son objectivité et de son énergie à maîtriser les problèmes d'organisation, en accomplissant des tâches administratives bien délimitées de nature *spécialisée*. Quand on est soi-même issu d'une famille de fonctionnaires, on sera le dernier à laisser venir une quelconque salissure ternir sa réputation. »

n'a cessé d'augmenter et augmentera encore, *a fortiori* avec une socialisation croissante. L'administration dilettante par des politiciens rapaces qui se traduisait aux États-Unis, selon l'issue de l'élection présidentielle, par le remplacement de centaines de milliers de fonctionnaires, jusqu'au préposé de la poste, et par l'absence du fonctionnariat à vie, est depuis longtemps battue en brèche par la *Civil Service Reform*[1]. Des besoins purement techniques de l'administration, qui ne peuvent être écartés, conditionnent ce développement. En Europe, le fonctionnariat professionnel, reposant sur la division du travail, s'est constitué peu à peu, au cours d'un développement d'un demi-millénaire. Les villes italiennes et les *Signori* ont amorcé ce développement. Dans les monarchies, ce furent les États conquérants normands. Le pas décisif a été accompli avec les *finances* des princes. Les réformes administratives de l'empereur Max montrent les difficultés qu'ont rencontrées les fonctionnaires, même sous la pression de la détresse la plus extrême et de la domination turque, pour parvenir à déposséder le prince sur ce terrain qui s'accommodait particulièrement mal du dilettantisme d'un maître, lequel était à l'époque encore avant tout un chevalier[2]. Le développement de la technique de la guerre a fait naître l'officier professionnel, l'affinement de la procédure juridique a produit le juriste doté d'une formation spécifique. Sur ces trois terrains, le fonctionnariat spécialisé l'a définitivement emporté, dans les

1. La *Civil Service Reform*, ou *Pendleton Act* (1883) soustrayait une partie des charges publiques au « *spoils system* » (*cf. supra*, p. 123, note 2) en instituant une commission (*Civil Service Commission*) chargée d'organiser le nouveau système de recrutement sur la base du mérite. La liste des postes dont l'obtention se trouvait ainsi soumise à des conditions de compétences s'élevait à 15 000 en 1883. Leur nombre augmenta rapidement (86 000 en 1897, soit près de la moitié des employés fédéraux), et la Civil Service Reform constitue bien ainsi, comme l'analyse Weber, un tournant dans l'histoire de la fonction publique américaine.

2. Max Weber fait ici référence à la création, par l'empereur Maximilien d'Autriche, d'une administration des finances, et aux constantes interventions arbitraires de l'empereur lui-même, lesquelles compromettaient l'efficacité de cette administration.

États les plus développés, au XVIe siècle. Ainsi la montée de l'absolutisme des princes face aux états (*Stände*) s'est accompagnée de l'abdication progressive de son autocratie au profit des fonctionnaires spécialisés qui lui avaient tout d'abord permis de remporter cette victoire sur les états.

En même temps que cette montée d'un *corps de fonctionnaires* dotés d'une formation spécialisée se développaient aussi, à travers des formes transitoires il est vrai beaucoup moins perceptibles, les « *hommes politiques* dirigeants ». Depuis toujours et dans l'ensemble du monde il y avait eu, bien entendu, des conseillers du prince dont l'influence était en fait déterminante. En Orient, le besoin de décharger autant que possible le sultan de la responsabilité personnelle pour les résultats du gouvernement a produit la figure typique du « grand vizir[1] ». En Occident, avant tout sous l'influence des rapports des légations de Venise, qui étaient lus avec une ardeur passionnée dans les cercles diplomatiques professionnels, la diplomatie est devenue à l'époque de Charles Quint – l'époque de Machiavel – pour la première fois un art consciemment cultivé dont traitaient entre eux des adeptes, pour la plupart dotés d'une formation humaniste, lesquels constituaient une couche d'initiés unis par leur formation, comparables aux hommes d'État humanistes en Chine durant la dernière période des principautés[2]. La nécessité d'une direction formellement unifiée de l'*ensemble* de la politique, y compris de la politique intérieure, direction qui soit exercée par un homme d'État dirigeant, n'a surgi de façon définitive et contraignante qu'à travers le développement constitutionnel.

---

1. Le vizir, littéralement, « quelqu'un qui aide (le calife) à porter le fardeau » du pouvoir, est une figure qui apparaît dans la seconde moitié du VIIIe siècle, sous la dynastie des Abbassides. *Cf.* Marc BERGÉ, *Les Arabes*, Lidis, Paris, 1983, p. 552-554.

2. « *Teilstaaten* » : nous traduisons ce terme par « principautés », comme nous l'avons fait dans la traduction française de *Konfuzianismus und Taoismus* (*Confucianisme et taoïsme*, Gallimard, Paris, 2000). Il est probable que Weber pense plus particulièrement à l'époque des « États combattants » (475-221 av. J.-C.).

Jusqu'alors il y avait toujours eu, bien entendu, des personnalités individuelles qui conseillaient ou plutôt, et en vérité, dirigeaient les princes. Mais l'organisation des pouvoirs publics avait d'abord suivi d'autres voies, même dans les États de loin les plus avancés. Des autorités administratives collégiales supérieures s'étaient constituées. En théorie et en pratique (ceci de moins en moins), elles siégeaient sous la présidence personnelle du prince, lequel prenait les décisions. Par ce système collégial, qui suscitait des expertises, des contre-expertises et des votes motivés de la majorité et de la minorité, et en s'entourant de plus, à côté des autorités supérieures officielles, d'hommes de confiance qui lui étaient liés de manière purement personnelle (le « cabinet ») et par l'intermédiaire desquels il transmettait ses décisions concernant les décrets du Conseil d'État (ou de l'instance étatique suprême, quel que soit le nom qu'elle portât), le prince, qui tombait de plus en plus dans la situation d'un dilettante, chercha à se soustraire au poids inévitablement croissant de la formation spécialisée des fonctionnaires et à garder en main la direction suprême. Cette lutte latente entre les fonctionnaires spécialisés et l'autocratie a partout existé. La situation ne s'est modifiée que lorsqu'il fallut faire face aux parlements et aux aspirations au pouvoir de leurs chefs de partis. Des conditions très variées ont conduit pourtant à un résultat extérieurement identique, ceci, il est vrai, avec certaines différences. Partout où les dynasties ont conservé le pouvoir réel entre leurs mains – comme ce fut le cas notamment en Allemagne –, les intérêts du prince et ceux du corps des fonctionnaires étaient désormais solidaires, *contre* le parlement et ses revendications de pouvoir. Les fonctionnaires avaient intérêt à ce que les positions dirigeantes aussi, donc les postes ministériels, soient attribuées à des individus issus de leurs rangs, et qu'elles s'inscrivent donc dans la carrière des fonctionnaires. Le monarque, de son côté, avait intérêt à pouvoir nommer les ministres à son gré et en les choisissant parmi les fonctionnaires, lesquels lui étaient dévoués. Et les deux parties avaient intérêt à ce que la direction politique se présentât face au parlement de façon homogène et soudée, donc à ce que le système collégial fût remplacé par un unique chef de cabinet. Le monarque avait besoin en outre, ne serait-ce que pour rester soustrait, de façon purement formelle, à la lutte des partis et à leurs attaques, d'une unique personne responsable qui le couvre, c'est-à-dire qui tienne tête au parlement et s'oppose à celui-ci, et qui négocie avec les partis. Tous ces intérêts œuvraient ici conjointement dans le même sens, à savoir l'apparition d'un ministre fonctionnaire assurant une direction unifiée. Le développement de la puissance du parlement a agi plus fortement encore dans le sens de l'unification là où, comme ce fut le cas en Angleterre, il l'a emporté sur le monarque. C'est ici que s'est développé le « cabinet » avec, à sa tête, le chef parlementaire unique, le « *leader*[1] ». Ce cabinet était un comité représentant un pouvoir ignoré des lois officielles, mais qui était en fait le seul pouvoir politiquement décisif, à savoir le *parti* qui détenait dans chaque cas la majorité. Les instances[2] collégiales officielles, précisément en tant que telles, n'étaient pas des organes du pouvoir réellement dominant, c'est-à-dire du parti, et elles ne pouvaient donc être les détenteurs du gouvernement réel. Un parti dominant avait besoin bien plutôt, pour pouvoir affirmer son pouvoir à l'intérieur et mener une grande politique à l'extérieur, d'un organe pugnace composé uniquement des hommes qui le dirigeaient effectivement, et négociant dans la confidentialité, ce qu'est précisément le cabinet. Face au public, avant tout au public parlementaire, il avait besoin d'un chef responsable pour toutes les décisions, ce qu'est le chef de cabinet. Ce système anglais a été ensuite repris sur le continent sous la forme des ministères parlementaires, et ce n'est qu'en Amérique et dans les démocraties qui ont été influencées par elle qu'un système

---

1. Il s'agit du « *Leader of the House of Commons* », un personnage qui est apparu au XIXe siècle dans le système parlementaire anglais. Ce rôle était souvent tenu par le Premier ministre.
2. « *Körperschaften* » : il s'agit d'un concept de la théorie allemande de l'État des XIXe et XXe siècles, équivalent de « personne juridique ».

tout à fait hétérogène lui a été opposé, système dans lequel le chef du parti vainqueur, élu par un vote populaire direct, est placé à la tête de l'appareil de fonctionnaires nommés par lui et n'est lié à l'assentiment du parlement que pour le budget et la législation.

Le développement de la politique en une « entreprise » réclamant une formation à la lutte pour le pouvoir et aux méthodes de cette lutte, développement que les partis modernes ont permis, a entraîné la division des fonctionnaires publics en deux catégories, sinon radicalement (ce qu'elles ne sont aucunement), néanmoins nettement distinctes : les fonctionnaires spécialisés d'un côté, les « fonctionnaires politiques » de l'autre. Les fonctionnaires « politiques » au sens propre du terme se laissent en règle générale reconnaître extérieurement au fait qu'ils peuvent être à tout moment arbitrairement mutés et congédiés, ou être « mis à disposition », comme les préfets français et les fonctionnaires du même type dans d'autres pays, une situation qui s'oppose de la façon la plus tranchée à l'« indépendance » des fonctionnaires exerçant des fonctions judiciaires. Relèvent de cette catégorie, en Angleterre, les fonctionnaires qui, en vertu d'une convention établie, quittent leurs fonctions lors d'un changement de majorité parlementaire et donc du cabinet. On compte normalement parmi eux, en particulier, ceux dont la compétence s'étend à la gestion de l'« administration intérieure » générale ; et la composante « politique » est ici constituée avant tout par la mission de maintien de l'« ordre » dans le pays, donc des rapports de domination existants. En Prusse, après l'ordonnance de Puttkamer[1], ces fonctionnaires avaient pour obligation, sous peine d'être sanctionnés, de « défendre la politique du gouvernement », et ils furent utilisés, de même que les préfets en France, comme

1. Il s'agit de l'ordonnance du 4 janvier 1882 par laquelle le ministre de l'Intérieur prussien, Robert von Puttkamer, exigeait des fonctionnaires de l'État prussien qu'ils défendent la politique du gouvernement, « même durant les périodes électorales ».

appareil administratif pour influencer les élections. La plupart des fonctionnaires « politiques » partageaient certes dans le système allemand – à la différence des autres pays – le statut de tous les autres, dans la mesure où l'obtention de ces postes également était liée à des études universitaires, à des examens spécialisés et à l'accomplissement d'un stage préparatoire déterminé. Cette caractéristique spécifique du fonctionnariat spécialisé moderne ne fait défaut chez nous que pour les chefs de l'appareil politique, c'est-à-dire les ministres. Déjà sous l'ancien régime, on pouvait devenir ministre des Cultes en Prusse sans avoir jamais soi-même fréquenté une institution d'enseignement supérieur, tandis que l'on ne pouvait en principe devenir conseiller référendaire que sur la base d'examens obligatoires. Le chef de service et le conseiller référendaire, dotés d'une formation spécialisée, étaient naturellement infiniment mieux informés que leur chef des problèmes techniques propres au service (par exemple sous Althoff, dans le ministère prussien de l'Éducation[1]). Il n'en allait pas autrement en Angleterre. Ce chef de service était de ce fait aussi la personne la plus puissante pour tous les besoins du quotidien. Cela n'avait en soi non plus rien d'absurde. Le ministre était précisément le représentant de la constellation de pouvoir politique, il devait défendre ces critères politiques et les appliquer aux propositions des fonctionnaires spécialisés qui étaient sous ses ordres, ou bien donner à ces fonctionnaires les directives politiques correspondantes.

Il en va de manière tout à fait analogue dans une entreprise économique privée : le véritable « souverain », l'assemblée des actionnaires, est aussi dépourvu d'influence dans la direction de l'entreprise qu'un « peuple » gouverné par des fonctionnaires spécialisés, et les personnalités déterminantes pour la politique de l'entreprise, le conseil d'administration, dominé par des banques,

---

1. Friedrich Althoff, successivement conseiller référendaire et « *Ministerialdirektor* » au ministère des Cultes en Prusse, de 1882 à 1907.

ne font que donner les directives économiques et elles choisissent les personnalités chargées de l'administration, sans être cependant elles-mêmes en état de diriger techniquement l'entreprise. Dans cette mesure la structure actuelle de l'État révolutionnaire, qui confie le pouvoir sur l'administration à des dilettantes absolus, parce qu'ils disposent des mitrailleuses, et qui voudrait n'utiliser les fonctionnaires dotés d'une formation spécialisée que comme exécutants intellectuels et manuels, ne constitue pas une nouveauté fondamentale. Les difficultés de ce système, en sa forme actuelle, résident ailleurs, mais elles ne nous arrêteront pas aujourd'hui[1].

Nous nous interrogeons bien plutôt sur le type caractéristique des hommes politiques professionnels, des « chefs » comme de leurs partisans. Ces caractéristiques ont varié et elles sont aujourd'hui aussi très diverses. Les « hommes politiques professionnels » sont apparus, comme nous l'avons vu, au cours de la lutte des princes contre les états (*Stände*), et au service des premiers. Considérons rapidement leurs types principaux. Pour lutter contre les états (*Stände*), le Prince s'est appuyé sur des couches extérieures aux états (*nichtständischen Charakters*) et qu'il pouvait instrumentaliser à des fins politiques. Parmi ces couches figuraient en premier lieu les clercs, que ce soit dans les Indes anglaises ou en Indochine, dans la Chine bouddhiste, au Japon, dans la Mongolie lamaïste ou, aussi bien, dans les régions chrétiennes du Moyen Âge. Pour des raisons techniques tout d'abord, parce qu'ils savaient écrire. Partout on a importé des brahmanes[2], des prêtres bouddhistes, des lamas[3], on a eu recours à des évêques ou à des prêtres comme conseillers politiques, afin de se doter de personnels administratifs sachant écrire, qui pouvaient être utilisés dans la lutte que menaient l'empereur, le prince ou les khans contre l'aristocratie. Le clerc,

1. *Cf.* la conférence sur le socialisme, *supra*, p. 127, note 1.
2. Dans le système des castes hindou, les brahmanes constituent la caste sacerdotale, la plus élevée en dignité.
3. Moines dans le bouddhisme tibétain.

surtout le clerc célibataire, était extérieur à l'agitation des intérêts politiques et économiques ordinaires, et il n'était pas tenté de prétendre obtenir un pouvoir politique propre pour ses descendants, en s'opposant à son seigneur, comme le faisait le vassal. Du fait des qualités propres à son état (*ständisch*), il était « séparé » des moyens de fonctionnement de l'administration princière.

Les lettrés dotés d'une formation humaniste ont constitué une deuxième couche de ce type. Il fut un temps où l'on apprenait à faire des discours en latin et à versifier en grec afin de devenir conseiller politique et surtout mémorialiste politique d'un prince. Ce fut l'époque où fleurirent pour la première fois les écoles d'humanistes et où les princes fondèrent des chaires de « poétique[1] » : époque très éphémère chez nous, qui a néanmoins marqué durablement notre système de formation, mais qui n'a pas eu de conséquences politiques plus profondes. Il en fut autrement en Extrême-Orient. Le mandarin chinois est, ou plutôt il était à l'origine, à peu près ce qu'était chez nous l'humaniste de la Renaissance, à savoir un lettré ayant reçu une formation humaniste, sanctionnée par des examens, reposant sur l'étude des monuments littéraires du lointain passé[2]. Quand vous lisez le journal de Li Hong-Tchang, vous découvrez que ce dont il était encore le plus fier était de composer des poèmes et d'être un bon calligraphe[3]. Cette couche, avec ses conventions qui se sont constituées à l'époque de l'antiquité chinoise, a déterminé tout le destin de la Chine, et notre destin aurait été comparable si les humanistes en leur temps avaient eu la moindre chance de s'imposer avec le même succès.

---

1. Il s'agit des académies humanistes de l'Italie du XVe siècle. Sur ce modèle, l'empereur Maximilien créa en 1501 à Vienne le « *collegium poetarum* ».
2. *Cf. C&T*, chap. V : « Le corps des lettrés ».
3. Les mémoires du vice-roi Li Hong-Tchang avaient été publiées en traduction allemande en 1915 (*Memoiren des Vizekönigs Li Hung Tschang*) dans une traduction de la comtesse M. von Hagen.

La troisième couche a été la noblesse de cour. Après que les princes furent parvenus à déposséder la noblesse de son pouvoir politique statutaire (*ständisch*), ils l'attirèrent à la cour et l'utilisèrent au service de leur politique et de leur diplomatie. Le bouleversement qu'a connu notre système d'éducation au XVIIe siècle était dû entre autres choses au fait que, à la place des lettrés humanistes, des hommes politiques professionnels issus de la noblesse de cour se sont mis au service des princes.

La quatrième catégorie a été une figure spécifiquement anglaise : un patriciat englobant la petite noblesse et les rentiers citadins, dont le nom technique est la « *gentry* ». Cette couche fut à l'origine attirée par les princes pour s'opposer aux barons, et ils la dotèrent des fonctions du « *selfgovernment* », avant de devenir de plus en plus dépendants d'elle. Elle conserva la possession de toutes les charges de l'administration locale en les assumant gratuitement, dans l'intérêt de sa propre puissance sociale. Elle a préservé l'Angleterre de la bureaucratisation qui a été le sort de tous les États continentaux.

Une cinquième couche a été propre à l'Occident, avant tout au continent européen, et elle a eu une importance décisive pour toute sa structure politique : il s'agit des juristes dotés d'une formation universitaire. Les répercussions énormes du droit romain, tel que l'avait remanié l'État bureaucratique de la Rome tardive[1], n'apparaissent nulle part plus clairement que dans le fait que la transformation révolutionnaire de l'entreprise politique, c'est-à-dire son développement vers l'État rationnel, a partout été portée par des juristes instruits. Ce fut aussi le cas en Angleterre, bien que là les grandes corporations nationales de juristes aient empêché la réception du droit

1. Selon Weber, les effets de la « réception du droit romain », c'est-à-dire le recours croissant au code justinien à partir des XVe et XVIIe siècles, se sont fait sentir avant tout et essentiellement au plan de la forme de la pensée juridique et, corrélativement, dans la promotion d'un nouveau type de notables, les juristes formés à l'université. *Cf.* par exemple *SD*, p. 201.

romain. En aucune région de la terre on ne trouve une quelconque analogie à ce phénomène. Toutes les ébauches de pensée juridique rationnelle dans l'école hindoue de la Mîmâ*m*sâ[1] et la perpétuation de la pensée juridique antique dans l'islam n'ont pu empêcher l'invasion de la pensée rationnelle du droit par des formes de pensée théologiques. Avant tout la procédure judiciaire ne fut pas entièrement rationalisée. Ce résultat n'a été atteint qu'à travers la reprise de la jurisprudence romaine antique – produit d'une figure politique d'un caractère tout à fait singulier, qui avait commencé comme cité-État et s'était élevée jusqu'à la domination mondiale – par les juristes italiens, l'« *usus modernus* » des pandectistes et des canonistes du bas Moyen Âge[2] et les théories du droit naturel nées de la pensée juridique et chrétienne et plus tard sécularisées. Ce rationalisme juridique a eu ses grands représentants dans le *podestà*[3] italien, chez les légistes du roi en France, qui créèrent les moyens formels avec lesquels la puissance royale sapa la domination des seigneurs, chez les canonistes et les théologiens du mouvement conciliaire[4], adeptes de la pensée jusnaturaliste, chez les juristes de cour et les juges instruits des princes

---

1. L'objet de la Mîmâ*m*sâ est d'examiner les versets (*mantra*) et les interprétations (*brahmana*) qui forment la trame du rituel védique, afin de poser les règles générales, de fixer dans tous les cas la « jurisprudence » rituelle et d'assurer une pratique correcte (Jean FILLIOZAT et Louis RENOU, *L'Inde classique,* manuel des études indiennes, tome 2, Paris-Hanoï, EFEO, 1953 (réimpr., Paris, 1996), p. 9.)
2. Les pandectes constituent une partie du code justinien. L'« *usus modernus pandectarum* » correspond à un usage assoupli des sources juridiques romaines qui s'est développé au début du XVIIe siècle.
3. Le *podestà* était, dans les villes italiennes, depuis le XIIe siècle, le chef de l'administration. *Cf. E&S*, p. 466, dans le cadre d'une comparaison avec le législateur : on va chercher le *podestà* « à l'extérieur, non point pour créer un nouvel ordre social, mais afin d'avoir, dans le cas de querelles intestines au sein d'une même couche sociale, un seigneur impartial, indépendant des coteries ».
4. Le mouvement conciliaire était une réaction à la crise de la papauté aux XIVe et XVe siècles.

continentaux, dans les doctrines du droit naturel aux Pays-Bas et chez les monarchomaques[1], chez les juristes de la Couronne et les juristes du Parlement en Angleterre, dans la noblesse de robe des parlements français, enfin chez les avocats de l'époque de la Révolution. Sans ce rationalisme juridique, la formation de l'État absolu est aussi peu imaginable que la Révolution. Quand vous parcourez les remontrances des parlements français ou les Cahiers des états généraux français depuis le XVIe siècle jusqu'à l'année 1789, vous rencontrez partout l'esprit des juristes. Et quand vous examinez l'appartenance professionnelle des membres de la Convention française, vous y trouvez un seul prolétaire (bien qu'il fût élu selon la même loi électorale), très peu d'entrepreneurs bourgeois, et en revanche des masses de juristes de toutes sortes, sans lesquels l'esprit spécifique qui animait ces intellectuels radicaux et leurs projets serait totalement impensable. Depuis lors l'avocat moderne et la démocratie moderne sont tout bonnement solidaires ; et des avocats en notre sens, c'est-à-dire comme état (*Stand*) indépendant, n'existent encore une fois qu'en Occident, depuis le Moyen Âge, où ils se sont développés à partir du « *Fürsprech*[2] » de la procédure judiciaire formelle germanique, sous l'influence de la rationalisation du procès.

L'importance des avocats dans la politique occidentale depuis l'apparition des partis n'est pas un hasard. Que l'entreprise politique soit gérée par des partis signifie précisément qu'elle est une entreprise de gens intéressés (*Interessentenbe-*

---

1. Monarchomaques : littéralement « tueurs de rois ». Terme forgé par l'Écossais William Barclay (1543-1608), catholique et royaliste, pour stigmatiser certains de ses contemporains qui justifiaient le droit de résistance. Le terme est également utilisé pour désigner un groupe d'auteurs français (François Hotman, Théodore de Bèze, Simon Goulart, Philippe Du Plessay Morny) qui développèrent la théorie révolutionnaire huguenote après les massacres de la Saint-Barthélemy. *Cf.* Quentin SKINNER, *Les Fondements de la pensée politique moderne*, Albin Michel, Paris, 2001, p. 759 et 763 *et sq*.
2. Au Moyen Âge, le *Fürsprech* était le porte-parole d'une des parties en conflit devant un tribunal.

trieb[1]), et nous allons bientôt voir ce que cela implique. Or défendre une cause de façon efficace pour les intéressés est le métier de l'avocat doté d'une formation. Il est sur ce point supérieur à tout « fonctionnaire » (la supériorité de la propagande ennemie a pu nous l'enseigner). Il peut certes faire triompher, donc mener d'une manière techniquement bonne, une cause étayée par des arguments logiquement faibles, et « mauvaise » en ce sens. Mais il est aussi seul à faire triompher, donc à bien défendre, une cause qui s'étaye sur des arguments logiquement « forts », une cause « bonne » en ce sens. Trop souvent le fonctionnaire, en tant qu'homme politique, fait d'une cause « bonne » (au sens logique) une mauvaise cause parce que la manière dont il la conduit est techniquement « mauvaise » : nous avons dû en faire l'expérience. Car la politique aujourd'hui est désormais conduite en public, d'une manière prépondérante, avec les moyens des mots, parlés ou écrits[2]. Apprécier leurs effets relève des compétences les plus propres de l'avocat, mais absolument pas de celles du fonctionnaire spécialisé, lequel n'est pas un démagogue et n'a pas à l'être, du fait de sa fonction : quand il entreprend pourtant de le devenir, il fait toujours un très mauvais démagogue.

Le fonctionnaire authentique – c'est un point décisif pour juger de notre régime politique antérieur –, selon sa vocation propre, ne doit par faire de politique, mais il doit « administrer », avant tout de façon *non partisane*. Cela vaut aussi pour les fonctionnaires administratifs que l'on dit « politiques », officiellement du moins, aussi longtemps que la « raison d'État », c'est-à-dire les intérêts vitaux de l'ordre établi ne sont pas en question. Le fonctionnaire doit exercer sa charge *sine ira et studio*,

---

1. *Cf. infra*, p. 156, note 1.
2. *Cf.* dans le même sens, *in* « Parlament und Regierung » (« Parlement et gouvernement »), *in MWS* I/15, p. 237 : « Aujourd'hui, ce ne sont plus des coups d'épée que l'on porte soi-même, ce sont des moyens très prosaïques, des ondes sonores et des gouttes d'encre, des *mots* écrits et parlés qui sont les vecteurs physiques de l'action politique et militaire dirigeante ! »

« sans colère et sans prévention[1] ». Il ne doit donc pas faire précisément ce que l'homme politique, le chef aussi bien que ses partisans, doit toujours et nécessairement faire, à savoir lutter. Car la prise de parti, la lutte, la passion – *ira et studium* – sont l'élément de l'homme politique. Avant tout : du *chef* politique. L'action de *celui-ci* est ordonnée à un principe de *responsabilité* tout autre, tout à fait opposé à celui qui commande l'action du fonctionnaire. L'honneur du fonctionnaire consiste, quand les autorités qui sont au-dessus de lui s'obstinent, malgré ses remontrances, à lui ordonner quelque chose qui lui paraît erroné, dans sa capacité à exécuter cet ordre, sous la responsabilité de celui qui donne l'ordre, scrupuleusement et exactement, comme si cet ordre correspondait à sa propre conviction[2]. Sans cette discipline morale, au sens le plus élevé du terme, sans cette abnégation, tout l'appareil s'effondrerait. L'honneur du chef politique, donc de l'homme d'État dirigeant, consiste au contraire précisément à assumer la responsabilité *personnelle* exclusive pour ce qu'il fait, responsabilité qu'il ne peut ni ne doit refuser ou rejeter sur un autre. Des types de fonctionnaires accomplis du point de vue moral sont précisément de mauvais hommes politiques, avant tout incapables de responsabilité, si l'on entend ce concept en son acception politique, et, en ce sens, ils sont de piètres hommes politiques du point

---

1. Cette même formule apparaît dans la « Considération intermédiaire », *SR*, p. 424. Toutefois, dans ce dernier texte, Weber attribue l'obligation de s'acquitter de sa tâche *sine ira et studio* à l'appareil d'État bureaucratique et à « l'*Homo politicus* qui en est membre », confondant ainsi, dans le cadre d'une opposition globale entre la logique du politique et celle d'une éthique religieuse de fraternité, les figures de l'homme politique et du fonctionnaire qu'il s'applique au contraire à distinguer dans *La Politique comme vocation et profession*.

2. *Cf.* un passage comparable dans « Parlament und Regierung » (« Parlement et gouvernement »), *in MWS* I/15, p. 223 : « Un fonctionnaire recevant un ordre qu'il considère comme aberrant, peut – et doit – faire des observations. Si l'échelon hiérarchique supérieur maintient sa directive, alors il n'est plus seulement de son devoir, mais de son *honneur*, de l'appliquer comme si elle correspondait à sa conviction la plus intime et de montrer ainsi qu'il place son sentiment du devoir professionnel au-dessus de sa volonté propre. »

de vue moral. Nous avons malheureusement eu sans discontinuer des hommes politiques de ce type dans des positions dirigeantes, et c'est ce que nous nommons la « domination des fonctionnaires[1] ». Et ce n'est vraiment pas entacher l'honneur de notre corps de fonctionnaires que de mettre en évidence ce qu'a de politiquement erroné un tel système, si nous le jugeons du point de vue de ses résultats. Mais revenons encore une fois aux types des figures politiques.

Le « démagogue » est, depuis l'État constitutionnel et de manière achevée depuis la démocratie, le type de l'homme politique dirigeant en Occident. La connotation désagréable du terme ne doit pas faire oublier que ce n'est pas Cléon, mais Périclès qui fut le premier à porter ce nom. Sans charge, ou en assumant l'unique charge élective (qui s'opposait aux charges de la démocratie antique, pourvues par le tirage au sort), celle de stratège suprême, il dirigeait l'*ecclesia* souveraine du *demos* d'Athènes[2]. La démagogie moderne se sert certes aussi du discours. Elle le fait même dans des proportions quantitativement monstrueuses si l'on pense aux discours électoraux que doit tenir un candidat moderne. Mais elle se sert de façon plus constante encore du mot écrit. Le publiciste politique, et plus encore le *journaliste*, est aujourd'hui le représentant le plus important du genre.

Présenter ne serait-ce qu'une esquisse d'une sociologie du journalisme politique moderne[3] serait tout à fait impossible

---

1. *Cf.* dans le même sens, « *Parlament und Regierung* » (« Parlement et gouvernement »), *in MWS* I/15, p. 223, et avec une même allusion à la situation politique des années de guerre en Allemagne : « Quand un dirigeant est, dans l'*esprit* de son travail, un “fonctionnaire”, aussi compétent soit-il, donc un homme qui a l'habitude d'effectuer son travail en suivant les ordres et les règlements, le devoir et l'honneur, alors il n'a sa place ni à la tête d'une entreprise de l'économie privée ni à la tête d'un État. Dans la vie de notre propre État, nous en avons eu malheureusement l'exemple. »
2. *Cf. supra*, p. 121, note 3.
3. Dès 1910, lors du congrès de sociologie, Weber avait annoncé une sociologie du journalisme qui traiterait entre autres choses du « destin et de la situation de l'état (*Stand*) de journaliste. » *Cf. MWG* I/13, p. 39-62.

dans le cadre de cet exposé, et cela constitue à tous égards à soi seul la matière d'un chapitre. Quelques éléments seulement doivent être ici absolument mentionnés. Le journaliste partage avec tous les démagogues, et d'ailleurs aussi avec l'avocat (et l'artiste) – du moins sur le Continent, par opposition aux conditions qui règnent en Angleterre, aussi bien, du reste, qu'aux conditions qui se rencontraient dans la Prusse de jadis – le même sort, qui est d'échapper à toute classification sociale fixe. Il appartient à une sorte de caste de parias qui est toujours jugée dans la « société » en fonction de ses représentants les plus médiocres sur le plan moral. De là vient que l'on colporte les représentations les plus étranges concernant les journalistes et leur travail. Peu de gens ont conscience qu'une production journalistique réellement bonne exige au moins autant d'« esprit » que n'importe quelle production savante, surtout du fait de la nécessité d'être produite sans délai, à la demande, et de devoir avoir une efficacité immédiate, dans des conditions de création il est vrai totalement différentes. On ne prend presque jamais en considération le fait que la responsabilité est bien plus grande, et que même le sentiment de responsabilité de tout journaliste honorable n'est en moyenne pas moindre que celui du savant. Il est au contraire supérieur, comme la guerre nous l'a appris. Cette méconnaissance vient naturellement de ce que la mémoire retient précisément les productions journalistiques irresponsables, parce que leurs effets sont souvent terribles. Que, tout compte fait, la discrétion des journalistes qui disposent de quelque compétence soit en moyenne plus élevée que celle des autres gens, personne ne veut le croire. C'est pourtant le cas. Les tentations incomparablement plus lourdes liées à cette profession, et les autres conditions de l'efficacité du journalisme à l'époque actuelle produisent ces effets qui ont habitué le public à considérer la presse avec un mélange de mépris et de lâcheté lamentable. On ne peut discuter aujourd'hui de qu'il y aurait à faire à cet égard. Ce qui nous intéresse ici est la question du destin professionnel politique des journalistes, de la chance qu'ils ont d'accéder à des positions politiques dirigeantes. Jusqu'à présent, cette chance ne fut favorable que dans le parti social-démocrate. Mais, à l'intérieur de ce parti, les postes de rédacteurs avaient pour la plus grande part le caractère du fonctionnariat, ils n'étaient pas la base d'une position dirigeante.

Dans les partis bourgeois, les chances de s'élever par cette voie au pouvoir politique s'étaient globalement plutôt détériorées en comparaison avec la génération précédente. Tout homme politique d'importance avait naturellement besoin de l'influence de la presse, et donc de relations dans le monde de la presse. Mais il était tout à fait exceptionnel (ce qui n'allait pas de soi) que des *chefs* de partis soient issus des rangs de la presse. La raison en est que le journaliste, avant tout le journaliste sans fortune et lié de ce fait à sa profession, est de moins en moins disponible, une situation qui résulte de l'augmentation considérable de l'intensité de l'activité de journaliste, et de la pression que l'actualité exerce sur elle. Des hommes politiques traînent comme un boulet la nécessité de gagner leur vie en écrivant des articles chaque jour ou, au moins, chaque semaine, et je connais des exemples d'individus dotés de tempéraments de chef qui ont été vraiment continuellement paralysés dans leur ascension au pouvoir, tant pour des raisons extérieures que, surtout, intérieures. Le fait que les relations de la presse aux pouvoirs dominants dans l'État et dans les partis ont été sous l'ancien régime[1] aussi néfastes que possible pour le niveau du journalisme constitue un chapitre en soi. La situation à cet égard était différente dans les pays ennemis. Mais là aussi, de même que dans tous les États modernes, il semble vrai que le travailleur de la presse a de moins en moins d'influence politique, tandis que le magnat de la presse (du type par exemple de « lord » Northcliffe[2]) en acquiert de plus en plus.

---

1. Il s'agit du régime politique qui a disparu en Allemagne avec l'abdication de Guillaume II (9 novembre 1918).
2. Alfred Charles William Harmsworth, baron Northcliffe depuis 1905, fondateur du *Times* et président d'un des grands groupes de presse européens. Il a soutenu la politique de Lloyd George durant la guerre.

Il est vrai que chez nous, jusqu'à présent, les grands consortiums capitalistes de presse qui se sont emparés surtout des journaux comportant des « petites annonces », les « moniteurs[1] », ont en général cultivé de façon typique l'indifférence politique. Car il n'y avait rien à gagner à une politique indépendante, et surtout pas la bienveillance, profitable commercialement, des pouvoirs qui dominaient la politique. Les communiqués sont aussi le moyen par lequel l'on a tenté durant la guerre d'exercer une influence politique à grande échelle sur la presse, et où l'on veut continuer à le faire maintenant, à ce qu'il semble. Même si l'on peut s'attendre à ce que la grande presse y échappe, la situation est cependant bien plus difficile pour les petits journaux. En tout cas, chez nous et à notre époque, la carrière de journaliste, aussi attrayante soit-elle par ailleurs, et quel que soit le degré d'influence et de possibilité d'action, et, avant tout, de responsabilité politique, qu'elle puisse apporter, n'est pas – il faut peut-être attendre avant de dire si elle ne l'est plus ou si elle ne l'est pas encore – une voie normale de promotion de chefs politiques. Il est difficile de dire si l'abandon du principe de l'anonymat, abandon que de nombreux journalistes (mais non pas tous) tiennent pour correct, y changerait quelque chose. Ce que nous avons vécu dans la presse allemande pendant la guerre en ce qui concerne la « direction » de journaux par des personnalités douées d'une bonne plume et qui avaient fait l'objet d'un recrutement spécial, lesquelles apparaissaient toujours expressément sous leur nom, a malheureusement montré dans quelques cas bien connus que ce moyen ne produit *pas* aussi sûrement qu'on pourrait le croire un sentiment élevé de responsabilité. Ce sont – sans distinction de partis – pour une part les feuilles de boulevard notoirement les plus mauvaises qui ont cherché à obtenir par ce moyen, et qui ont obtenu de fait une augmentation de leurs ventes. Les personnes concernées, les éditeurs comme

1. « *Generalanzeiger* » : il s'agissait de journaux locaux qui publiaient notamment les communiqués officiels.

aussi les journalistes à sensation, se sont enrichies, leur honneur n'en est certainement pas sorti grandi. Mais on ne doit pas invoquer ce fait contre le principe. La question est très compliquée, et ce phénomène n'a pas non plus une validité générale. Mais ce moyen n'a pas été *jusqu'à présent* la voie qui mène à la formation de chefs authentiques ou à une pratique responsable de la politique. Il reste à voir comment les conditions vont évoluer. Quoi qu'il en soit, la carrière de journaliste demeure un des moyens les plus importants pour exercer une activité politique de façon professionnelle. Ce moyen ne convient pas à tous. Il n'est surtout pas fait pour les caractères faibles, en particulier pour les hommes qui ne peuvent assurer leur équilibre intérieur qu'en bénéficiant d'une situation statutaire (*ständisch*) garantie. Même si la vie d'un jeune savant est précaire, des conventions statutaires solides ont néanmoins été construites autour de lui et elles le protègent des dérapages. Mais la vie du journaliste implique à tous égards la précarité absolue, et cela dans des conditions qui mettent son sentiment de sécurité intérieur à l'épreuve comme presque aucune autre situation. Les expériences souvent amères de la vie professionnelle ne sont peut-être pas même ce qu'il y a de pire. Ce sont précisément les journalistes à succès qui sont exposés à des exigences intérieures particulièrement lourdes. Ce n'est aucunement un détail que de fréquenter les salons des puissants du monde, apparemment sur un même pied, et d'être souvent courtisé par tous, parce que l'on vous craint, tout en sachant que, à peine a-t-on passé la porte, le maître de maison doit peut-être se justifier expressément auprès de ses invités d'entretenir des relations avec les « voyous de la presse ». Ce n'est pas non plus un détail que de devoir s'exprimer rapidement et de façon convaincante sur tout ce que réclame le « marché », sur tous les problèmes de la vie imaginables, sans tomber non seulement dans les platitudes absolues, mais surtout dans l'indignité de l'exhibition avec ses conséquences impitoyables. Ce qui est étonnant n'est pas qu'il y ait beaucoup de journalistes qui aient commis des dérapages ou qui se soient déconsidérés sur le plan humain, mais que, en dépit de tout cela, cette couche renferme un si grand nombre d'hommes de valeur et tout à fait sincères, à un point que les gens étrangers au milieu sont loin de soupçonner.

Si le journaliste en tant que type de l'homme politique professionnel remonte à un passé somme toute déjà très lointain, la figure du *fonctionnaire de parti* en revanche ne surgit qu'au cours des développements qui se sont produits durant les dernières décennies et, pour partie, au cours des dernières années. Il faut nous tourner vers une analyse de la nature des partis et de leur organisation pour saisir cette figure dans l'histoire de son développement.

Dans tous les groupements un peu importants, c'est-à-dire ceux qui excèdent le domaine et le cercle des tâches de petits cantons ruraux, les détenteurs du pouvoir font l'objet d'élections périodiques et l'entreprise politique est nécessairement une *entreprise de gens qui ont un intérêt pour la politique* (*Interessentenbetrieb*[1]). Ceci signifie qu'un nombre relativement faible de personnes, dont l'intérêt va avant tout à la vie politique, donc qui visent à participer au pouvoir politique, recrutent des partisans par une libre propagande, qu'ils se pré-

---

1. On trouve une caractérisation systématique des partis comme *Interessentenbetrieb* dans *E&S*, p. 292. « Les partis peuvent employer tous les moyens pour obtenir le pouvoir. Lorsque la direction est élue par un vote (formellement) libre et que les règlements sont issus du vote, ce sont avant tout des organisations constituées pour la recherche des suffrages et, dans le cas de vote dans un sens préétabli, des partis légaux. Ce qui signifie pratiquement toujours, par suite du principe volontariste (reposant sur une adhésion libre) qui est celui des partis légaux, que l'exercice de la politique concerne des gens qui y sont intéressés (il faut mettre à part l'idée d'individus intéressés « économiquement » : il s'agit présentement de gens intéressés politiquement, donc orientés par une idéologie ou par le pouvoir en tant que tel). » Même précision *in* « *Parlament und Regierung* » (« Parlement et gouvernement »), *in MWS* I/15, p. 271-271 : « Par "gens qui ont des intérêts à défendre", il ne faut pas entendre ceux qui ont des intérêts matériels en jeu et qui influencent plus ou moins la politique, quelle que soit la forme de l'État, mais ceux qui ont des intérêts politiques et qui recherchent le pouvoir et les responsabilités dans le but de réaliser des idées politiques bien déterminées. »

sentent ou qu'ils présentent leurs protégés comme candidats aux élections, qu'ils rassemblent les moyens financiers et qu'ils vont à la pêche aux voix. On ne voit pas comment des élections pourraient se tenir correctement dans des groupements larges sans cette activité entrepreneuriale. Pratiquement, cela signifie la division des citoyens jouissant du droit de vote en éléments politiquement actifs et éléments politiquement passifs, et comme cette différence repose sur la libre décision de chacun, aucune mesure ne peut la supprimer, qu'il s'agisse de l'obligation de voter, de la représentation « par corporations de métier » ou de propositions du même ordre, qui visent explicitement ou pratiquement à corriger cet état de chose, et, ce faisant, à s'opposer à la domination des hommes politiques professionnels. Le chef et les partisans, en tant qu'éléments actifs qui recrutent librement des partisans aussi bien que, par leur intermédiaire, des électeurs passifs pour leur chef, sont des éléments nécessaires à la vie de tous les partis. Mais leur structure varie. Les « partis » des villes médiévales, par exemple, tels que les guelfes et les gibelins[1], étaient de pures clientèles personnelles. Quand on considère le *Statuto della parte Guelfa*[2], la confiscation des biens des *nobili* (c'est-à-dire originairement de toutes les familles qui vivaient à la manière des chevaliers, qui étaient donc susceptibles de posséder un fief), quand on voit qu'ils étaient exclus des fonctions officielles et privés du droit de vote, quand on considère les comités de parti au niveau local, les organisations militaires rigoureuses et leurs primes aux dénonciateurs, on ne peut s'empêcher de penser au bolchevisme avec ses soviets, ses organisations militaires rigoureusement sélectionnées et (en Russie surtout) ses organisations d'espions, avec le désarmement et la privation de droits politiques des « bourgeois »,

---

1. Les guelfes et les gibelins étaient des clans politiques italiens dont la rivalité déchira l'Italie du XIIIe au XVe siècle.
2. *Statuto della parte Guelfa* : il s'agit du statut fixant les principes d'organisation du parti des guelfes (XIIIe siècle).

c'est-à-dire des entrepreneurs, des commerçants, des rentiers, des prêtres, des descendants de la dynastie, des agents de police, et aux confiscations qu'il a faites. Et cette analogie est encore plus frappante quand on voit, d'un côté, que l'organisation militaire de ce parti était une pure armée de chevaliers qui devait être structurée selon les matricules, et que c'étaient des nobles qui occupaient toutes les positions dirigeantes, de même que les soviets, de leur côté, conservent, ou plutôt réintroduisent, l'entrepreneur bien rémunéré, le salaire aux pièces, le système tayloriste, la discipline dans l'armée et l'entreprise, qu'ils cherchent des capitaux étrangers, bref, que, afin de maintenir l'État et l'économie en état de fonctionner, ils ont dû récupérer *tout* ce contre quoi ils avaient combattu comme étant des institutions de classes, et qu'ils ont en outre repris à leur service, en tant que principal instrument de leur pouvoir d'État, les agents de l'ancienne *Ochrana*[1]. Mais nous ne nous occupons pas ici de ce genre d'organisations de la violence, mais des hommes politiques professionnels qui tentent de parvenir au pouvoir par le biais d'un recrutement banal et « pacifique » effectué par le parti sur le marché des voix des électeurs.

Ces partis, au sens usuel où nous employons ce terme, ont été aussi d'abord, par exemple en Angleterre, de pures clientèles de l'aristocratie. Quand, pour quelque raison, un pair changeait de parti, tout ce qui dépendait de lui passait également au parti adverse. Jusqu'au *Reformbill*[2], les grandes familles de la noblesse, le roi en premier lieu, disposaient de la haute main sur une masse énorme de circonscriptions locales. Proches de ces partis aristocratiques sont les partis de notables, tels qu'ils se sont développés partout avec la montée du pouvoir de la bourgeoisie. Les cercles cumulant la culture et la richesse (*von*

1. L'*Ochrana* était la police secrète du tsar de Russie.
2. Weber fait ici référence au *Reform bill* de 1832, lequel mettait fin à un système de représentation qui bénéficiait quasi exclusivement aux détenteurs de droits et de privilèges héréditaires.

Bildung und Besitz[1]), sous l'inspiration des couches d'intellectuels caractéristiques de l'Occident, se sont scindés en partis qu'ils dirigeaient, soit selon des intérêts de classes, soit selon des traditions de familles, soit en fonction de conditions purement idéologiques. Les clercs, les enseignants, les professeurs, les avocats, les médecins, les pharmaciens, les paysans fortunés, les industriels – en Angleterre, l'ensemble de cette couche qui se considère comme faisant partie des *gentlemen* – ont constitué tout d'abord des groupements de circonstance, éventuellement des clubs politiques locaux ; aux époques d'effervescence, la petite bourgeoisie se manifestait, à l'occasion le prolétariat, quand elle trouvait des chefs, lesquels en règle générale ne sortaient pas de ses rangs. À ce stade, il n'existe pas encore de partis organisés au niveau local, en tant qu'associations permanentes dans l'ensemble du pays. Le lien est assuré uniquement par les parlementaires, et les notables locaux sont déterminants dans le choix des candidats. Les programmes se constituent pour une part à travers les déclarations d'intention des candidats, pour une autre part en s'appuyant sur des congrès

1. « *Von Bildung und Besitz* ». Il s'agit ici de l'Angleterre. Certaines particularités de l'histoire allemande éclairent cependant cette expression. La distinction entre une bourgeoisie orientée vers l'économie (*Wirtschaftsbürgertum*, que l'on nommait aussi parfois du terme français *Bourgeoisie*) et une bourgeoisie qui tient son statut de sa formation, universitaire et culturelle (*Bildungsbürgertum*) est un trait marquant de l'histoire sociale de l'Allemagne de la fin du XVIIIe siècle à la seconde partie du XIXe siècle. Le fait de conjuguer l'une et l'autre, la richesse acquise par l'engagement professionnel dans les affaires d'un côté, la culture de l'autre, n'allait pas de soi, jusqu'au milieu du XIXe siècle au moins. D'où la formule : « *Von Bildung und Besitz* », que nous avons rendue par : « cumulant la culture et la richesse ». Sur le rôle particulier qu'a joué la culture (*Bildung*) dans le processus de différenciation sociale de la bourgeoisie, *cf.* Fritz RINGER, *Die Gelehrten. Der Niedergang der deutschen Mandarine, 1890-1933*, Klett-Cotta, München, 1987, chap. I (original en anglais : *The Decline of the German Mandarins. The Academic Community, 1890-1933*, Harvard University press, Cambridge, MA., 1969) ; ainsi que Jürgen KOCKA (éd.), *Bürger und Bürgerlichkeit im 19. Jahrhundert*, Vandenhoeck & Ruprecht, Göttingen 1987.

de notables ou des résolutions des fractions parlementaires. La direction des clubs est exercée à titre de fonction secondaire ou honorifique, comme travail occasionnel ; ou encore, là où il n'existe pas de clubs (c'est le cas la plus fréquent), la gestion tout à fait informelle de la politique est le fait des rares personnes qui s'intéressent de façon permanente à la politique en temps normal. Seul le journaliste est un homme politique rémunéré, seule l'activité journalistique constitue une activité politique continue. À côté de cela, il n'y a que la session parlementaire. Les parlementaires et les dirigeants des partis parlementaires savent certes à quels notables locaux ils doivent s'adresser quand une action politique paraît souhaitable. Mais ce n'est que dans les grandes villes qu'il existe de façon permanente des associations des partis, avec des contributions modiques des membres, des réunions périodiques et des assemblées publiques où le délégué rend des comptes. Il n'y a de vie politique que durant les périodes électorales.

L'intérêt que les parlementaires ont à la possibilité de compromis électoraux locaux et à la force de frappe de programmes unifiés, reconnus par de larges cercles dans l'ensemble du pays, et généralement à la force que représente une agitation unifiée dans le pays, constitue le moteur qui pousse à une cohésion toujours plus stricte du parti. Mais si désormais un filet d'associations locales du parti couvre aussi les villes moyennes, auquel s'ajoutent des « hommes de confiance[1] » dans les campagnes, avec lesquels un membre du parti parlementaire, en tant que dirigeant du bureau central du parti, entretient une correspondance permanente, le caractère de l'appareil du parti, qui est celui d'un groupement de notables, demeure en principe inchangé. En dehors du bureau central, les fonctionnaires payés n'existent pas encore ; ce sont uniquement des personnes « respectées » qui dirigent les associations locales, en vertu de l'estime dont elles jouissent par ailleurs : en d'autres termes, ce

1. *Cf. supra*, p. 129, note 2.

sont les « notables » non parlementaires qui exercent une influence, à côté de la couche politique des notables qui ont conquis un siège au parlement. La correspondance éditée par le parti fournit de plus en plus, il est vrai, une nourriture intellectuelle à la presse et aux assemblées locales. Des contributions régulières des membres deviennent indispensables ; une fraction de ces contributions doit servir aux frais de la centrale. C'est à ce stade que se trouvaient, il n'y a pas très longtemps encore, la plupart des organisations des partis allemands. En France enfin, c'était encore le premier stade qui régnait pour une part, c'est-à-dire le regroupement très instable des parlementaires et, dans le reste du pays, un petit nombre des notables locaux, des programmes mis au point par les candidats ou composés pour eux par leurs protecteurs pour chaque cas particulier lors de leur recrutement, même s'ils s'inspiraient localement plus ou moins des décisions et des programmes des parlementaires. Ce système n'était encore que partiellement brisé. Le nombre des individus exerçant la politique à titre de profession principale était réduit, et il s'agissait pour l'essentiel des députés élus, des rares employés de la centrale, des journalistes et (en France), pour le reste, de ces chasseurs de postes qui occupaient une « fonction politique » ou cherchaient présentement à en obtenir une. La politique était formellement, dans une large mesure, une profession secondaire. Même le nombre des députés « ministrables » était étroitement limité, et, du fait du poids des notables, le nombre des candidats aux élections l'était aussi. Mais le nombre des gens qui avaient un intérêt indirect à l'entreprise politique, avant tout sur le plan matériel, était très élevé. Car toutes les mesures prises par un ministère, et surtout toutes les solutions apportées à des problèmes personnels, prenaient en compte la question de l'influence qu'elles pourraient avoir sur les chances électorales, et l'on cherchait à satisfaire toutes sortes de vœux par l'intermédiaire du député local auquel le ministre, s'il appartenait à sa majorité (ce que chacun souhaitait par conséquent), devait bon gré malgré prêter l'oreille. Chaque député disposait de la haute main sur les postes, il exerçait en général toutes sortes de protections dans toutes les affaires relevant de sa circonscription électorale, et il restait de son côté en liaison avec les notables locaux, afin d'être réélu.

Les formes les plus modernes de l'organisation des partis sont très éloignées de cet état idyllique de la domination des cercles de notables, c'est-à-dire avant tout des parlementaires. Ces partis modernes sont les enfants de la démocratie, du suffrage de masse, de la nécessité d'une propagande et d'une organisation de masse, du développement d'une unité extrême de la direction et d'une discipline très rigoureuse. La domination des notables et l'orientation du parti par les parlementaires prennent fin. Des hommes qui exercent la politique à titre de profession principale, *extérieurs* au parlement, prennent en main la gestion du parti : soit comme « entrepreneur », ce qu'était le *boss* américain[1] ainsi que, de fait, l'« *election agent*[2] » anglais, ou bien comme fonctionnaire percevant un traitement fixe. D'un point de vue formel, on assiste à une extension de la démocratisation. Ce n'est plus la fraction parlementaire qui détermine pour l'essentiel les programmes, et ce ne sont plus les notables locaux qui ont la maîtrise du choix des candidats, mais la sélection des candidats est le fait des assemblées de membres du parti organisés ou des membres délégués dans les assemblées d'un niveau supérieur, dont il peut exister plusieurs types, jusqu'à l'échelon ultime du « congrès » général du parti. En pratique, le pouvoir est naturellement entre les mains de ceux qui effectuent *de façon continue* le travail à l'intérieur de l'entreprise, ou de ceux (mécènes ou dirigeants de puissants clubs d'intérêts politiques, tel que le Tammany Hall[3]) dont

---

1. Sur le boss américain, *cf. infra*, p. 173.
2. Au XIXe siècle, l'*election agent*, en règle générale un juriste, se chargeait de recruter des électeurs pour un parti et de contrôler la correction des listes des électeurs (ce qui signifiait à la fois lutter pour l'inscription d'un maximum d'électeurs du parti qu'il servait, et pour l'invalidation d'une fraction des électeurs du parti rival).
3. Siège de la « Tammany Society », qui contrôlait le parti démocrate de New York.

dépend le fonctionnement de l'entreprise, financièrement ou personnellement. Ce qui est déterminant est que tout cet appareil humain – la « machine », selon l'expression significative utilisée dans les pays anglo-saxons –, ou plutôt ceux qui le dirigent sont en état de faire échec aux parlementaires et, dans une assez large mesure, de leur imposer leur volonté. Cette situation est particulièrement importante pour le choix de la *direction* du parti. Ne devient chef que celui que la machine suit, le cas échéant en passant par-dessus le parlement. En d'autres termes, la création de machines de ce type signifie l'apparition de la démocratie *plébiscitaire*[1].

La clientèle du parti, avant tout le fonctionnaire et l'entrepreneur du parti, attendent naturellement de la victoire de leur chef une rétribution personnelle : des postes ou d'autres avantages. C'est de lui qu'ils l'attendent, et non pas, ou pas uniquement, des différents parlementaires, et c'est là l'élément décisif. Ils attendent avant tout que l'efficacité démagogique qu'exerce la *personnalité* du chef rapporte au parti, dans la lutte électorale, des voix et des mandats, et avec eux du pouvoir, et qu'elle accroisse par là autant qu'il est possible les chances qu'ont ses partisans d'obtenir la rétribution espérée. Sur le plan idéel, l'un des éléments moteurs est la satisfaction de travailler pour un homme, en se donnant à lui dans un acte de foi personnel, et non pour le programme abstrait d'un parti constitué de médiocres : c'est là l'élément « charismatique » de toute domination exercée par un chef.

---

1. On trouve dans *E&S* une définition de la démocratie plébiscitaire qui souligne sa parenté avec la domination charismatique, en ce que, dans l'une comme l'autre, l'obéissance des dominés repose sur la confiance personnelle qu'ils ont dans le chef : « La "démocratie plébiscitaire" – principal type de démocratie dirigée par des chefs – est, sous son aspect authentique, une espèce de domination charismatique qui se cache sous la forme d'une légitimité issue de la volonté de ceux qui sont dominés et qui n'existe que par elle. Le chef (démagogue) domine grâce à l'attachement et à la confiance de ses partisans politiques envers sa personne en tant que telle » (*E&S*, p. 276).

Cette forme ne s'est imposée que selon des degrés très divers et à travers une lutte latente constante avec les notables locaux, qui défendaient leur influence, ainsi qu'avec les parlementaires. Dans les partis bourgeois, c'est aux États-Unis qu'elle s'est établie tout d'abord, puis dans le parti social-démocrate, avant tout en Allemagne. Il se produit continuellement des reculs, pour peu qu'il n'y ait pas de chef reconnu par tous, et même quand ce chef existe, des concessions de toutes sortes doivent être faites à la vanité et aux intérêts des notables du parti. Mais surtout la machine peut aussi tomber sous la domination des fonctionnaires du parti, lesquels ont en main le travail régulier. Selon de nombreux cercles sociaux-démocrates leur parti aurait succombé à cette « bureaucratisation[1] ». Cependant les « fonctionnaires » se soumettent relativement facilement à un chef dont la personnalité exerce une forte attraction démagogique : leurs intérêts matériels et idéels sont intimement liés au rayonnement qu'exerce le pouvoir du parti, un rayonnement qu'ils attendent de ce chef, et en outre travailler pour un chef est en soi intérieurement plus satisfaisant. L'ascension de chefs est beaucoup plus difficile là où – comme c'est le cas la plupart du temps dans les partis bourgeois –, à côté des fonctionnaires, les « notables » disposent de l'influence sur le parti. Car ceux-ci « font » *idéellement* « leur vie » des petits postes qu'ils occupent, à titre de membres de comités directeurs ou de commissions. Le ressentiment contre le démagogue en tant qu'*Homo novus*, la conviction de la supériorité de l'« expérience » de la politique de parti – qui bien entendu est aussi en fait d'une importance considérable –, l'inquiétude idéologique que ne s'effondrent les vieilles traditions du parti sont ce qui détermine leur action. Et, à l'intérieur du parti, ils ont pour eux tous les éléments traditionalistes. C'est surtout l'électeur rural, mais aussi l'électeur petit-bourgeois, qui a les yeux fixés sur les noms des

---

1. Allusion probable aux travaux de Robert MICHELS, *Zur Soziologie des Parteiwesens in der modernen Demokratie*, Leipzig, 1911. Traduction française : *Les Partis politiques : essai sur les tendances oligarchiques des démocraties*, Flammarion, Paris, 1971.

notables qui lui sont depuis longtemps familiers ; il se méfie de l'homme qu'il ne connaît pas, même s'il est vrai qu'il s'attache d'autant plus inébranlablement à lui *sitôt* que celui-ci est parvenu à mettre le succès de son côté. Considérons quelques principaux exemples de cette lutte entre les deux formes structurelles, ainsi que la montée de la forme plébiscitaire décrite par Ostrogorski[1].

L'Angleterre, tout d'abord : ici l'organisation des partis était, jusqu'à 1868, une organisation de notables presque pure. Les *Tories* s'appuyaient à la campagne, par exemple, sur le pasteur anglican, et en outre – la plupart du temps – sur le maître d'école, et surtout sur les grands propriétaires des *county* concernés. Les *Whigs* s'appuyaient la plupart du temps sur des gens tels que le prédicateur non conformiste (là où il existait), sur le postier, le forgeron, le tailleur, le cordier : des artisans, par conséquent, qui pouvaient être source d'influence politique, parce que c'est avec eux qu'il est possible de bavarder le plus fréquemment. À la ville les partis se divisaient soit selon des critères économiques ou religieux, soit simplement selon les opinions de parti traditionnelles dans les familles. Mais c'étaient toujours les notables qui animaient l'entreprise politique. Au-dessus planaient le Parlement et les partis avec le Cabinet et le « *leader*[2] », qui était le président du Conseil des ministres ou de l'opposition. Ce *leader* était assisté de la personnalité qui, du point de vue de la politique professionnelle, était la plus importante de l'organisation des partis, à savoir le *whip*[3]. C'est lui qui avait la mainmise sur les postes ; c'est vers lui que devaient donc se tourner les chasseurs de postes, il s'entendait sur ce point avec les députés des diverses conscriptions électorales.

---

1. M. Ostrogorski, *Democracy and the Organization of Political Parties*, 2 vol., Macmillan, Londres, 1902. Traduction française : *La Démocratie et les partis politiques*, Fayard, Paris, 1993.
2. *Cf. supra*, p. 141, note 1.
3. Le *whip* est un parlementaire chargé par un parti de veiller à l'assiduité des membres de la fraction parlementaire aux séances de la Chambre et des comités, ainsi qu'à leur fidélité à la ligne du parti lors des votes.

Une couche d'hommes politiques professionnels commença à se développer lentement dans ces circonscriptions, à mesure qu'étaient embauchés des agents locaux, tout d'abord non rétribués, et qui occupaient à peu près la position de nos « hommes de confiance[1] ». Mais à côté d'eux se développait dans les circonscriptions une figure d'entrepreneur capitaliste : l'« *election agent* », dont l'existence était rendue inévitable par la législation moderne de l'Angleterre, et qui garantissait la régularité des élections. Cette législation cherchait à contrôler les dépenses électorales et à faire obstacle au pouvoir de l'argent en obligeant les candidats à déclarer ce que les élections leur avaient coûté. Car le candidat devait non seulement s'user la voix, à un degré bien supérieur à ce qui s'est rencontré chez nous aussi autrefois, mais il avait aussi le plaisir de payer de sa poche. L'*election agent* se faisait verser par le candidat une somme forfaitaire, et il s'entendait d'ordinaire à faire une bonne affaire. Dans la répartition du pouvoir entre le « *leader* » et les notables du parti, au Parlement et dans le pays, le premier a eu depuis toujours en Angleterre une place très importante, pour des raisons contraignantes liées aux conditions qui rendent possible une grande politique, qui soit en outre une politique constante. Toutefois l'influence des parlementaires, ainsi que celle des notables de parti, était encore considérable.

C'est ainsi que se présentait à peu près l'ancienne organisation des partis, pour moitié une organisation de notables, pour moitié déjà une entreprise d'employés et d'entrepreneurs. Mais à partir de 1868 s'est développé le système du « *caucus* », tout d'abord lors d'élections locales à Birmingham, puis dans l'ensemble du pays[2]. Un pasteur non confor-

---

1. *Cf. supra*, p. 129, note 2.
2. La réforme électorale anglaise de 1867 accorda pour la première fois des circonscriptions électorales aux grandes villes industrielles du Nord de l'Angleterre et elle institua des mesures spécifiques destinées à permettre la représentation des minorités. À Birmingham, les libéraux (sous la direction de Joseph Chamberlain) parvinrent dès 1868 à détourner ce dispositif à leur profit grâce à la constitution d'un appareil fortement centralisé (le « *caucus* »).

miste[1], et à côté de lui Joseph Chamberlain, ont été à l'origine de ce système. L'occasion en fut la démocratisation du suffrage. Pour conquérir les masses, il devint nécessaire de créer un appareil énorme de groupes d'apparence démocratique, de constituer un comité électoral dans chaque quartier de ville, de faire fonctionner l'entreprise de façon continue, de tout bureaucratiser de façon rigide. Il y eut de plus en plus de fonctionnaires rémunérés, des médiateurs élus par les comités électoraux locaux (dans lesquels furent bientôt organisés en gros 10 % des électeurs) ; ils étaient dotés d'un pouvoir de cooptation et c'était à eux qu'il revenait officiellement de supporter la politique des partis. Les forces motrices étaient les cercles locaux, avant tout les cercles intéressés à la politique communale – laquelle constitue partout la source des chances matérielles les plus lucratives –, qui furent aussi les premiers à pénétrer le monde des finances. Cette machine de formation nouvelle, qui n'était plus dirigée par les parlementaires, eut très vite à lutter avec ceux qui détenaient jusqu'alors le pouvoir, avant tout avec le *whip* ; mais, appuyée sur les intérêts (*Interessenten*[2]) locaux, elle sortit victorieuse de cette lutte, si bien que le *whip* dut se plier et pactiser avec elle. Le résultat fut une centralisation de tout le pouvoir entre les mains de quelques personnes, puis finalement d'une seule, celle qui était à la tête du parti. Car, dans le parti libéral, tout ce système s'est formé en liaison avec l'ascension de Gladstone au pouvoir. La dimension fascinante de la « grande » démagogie de Gladstone, le fait que les masses aient cru fermement au contenu moral de sa politique, et surtout au caractère moral de sa personnalité, furent ce qui permit à cette machine de l'emporter si rapidement sur les notables. Ainsi apparut un élément plébiscitaire-césariste sur la

1. Dans les notes manuscrites de la conférence, Weber nomme Francis Schnadhorst, un collaborateur de Chamberlain. Celui-ci, cependant, n'était pas pasteur, il n'appartenait pas non plus à l'Église. Il s'était fait un nom en tant que membre du « *Central Nonconformist Commettee* » de Birmingham, appartenance qui explique sans doute l'erreur de Weber.
2. *Cf. supra*, p. 156, note 1.

scène politique, le dictateur du champ de bataille électoral[1]. Le phénomène se manifesta très tôt. En 1877 le système du *caucus* fonctionna pour la première fois lors des élections générales[2]. La réussite fut éclatante : elle entraîna la chute de Disraeli au beau milieu de ses plus grands succès. En 1886 le fonctionnement de la machine était déjà orienté selon une logique charismatique, en fonction de la personne, à un point tel que lorsque la question de *Home Rule* fut posée[3], tout l'appareil, du haut jusqu'en bas, ne se posa pas la question de savoir s'il se tenait objectivement sur le même terrain que Gladstone, mais, sur un simple mot de celui-ci, il changea de cap avec lui et il dit : quoi qu'il fasse, nous le suivons, et il laissa tomber son propre créateur, Chamberlain.

Cette machine a besoin d'un appareil constitué par un personnel considérable. Il y a bien deux mille personnes en Angleterre qui vivent directement de la politique des partis. Beaucoup plus nombreux encore sont ceux qui jouent un rôle dans la politique, notamment dans la politique communale, qu'il s'agisse d'individus qui sont tout bonnement en quête de postes ou de ceux qui sont intéressés à la politique. À côté des bénéfices économiques, il y a pour l'homme politique de *caucus* compétent les bénéfices de vanité. Devenir « J.P. » ou même « M.P.[4] » est naturellement ce à

---

1. Sur le césarisme (concept proche du charisme), *cf. W&G*, p. 554-555 : « Les capacités du "césarisme" (qui se forme souvent à partir de la démocratie), en tant que mode d'organisation de la domination, reposent en général, d'un point de vue technique, sur la position du "César", lequel est l'homme de confiance des masses (de l'armée ou des citoyens), libre et dégagé des liens de la tradition et, précisément pour cette raison, le maître absolu d'un noyau d'officiers et de fonctionnaires hautement qualifiés choisis par lui personnellement et sans égard pour la tradition ou d'autre considérations. Or cette "domination du génie personnel" est en contradiction avec le principe "démocratique" formel d'une élection généralisée des fonctionnaires. »
2. Il n'y a pas eu d'élections générales en 1877. Weber fait probablement allusion ici à la fusion d'un certain nombre d'organisations libérales locales dans la National Liberal Federation, fusion qui eut effectivement lieu en 1877 et qui permit le succès des libéraux lors des élections de 1880.
3. Il s'agit du statut d'autonomie accordé à l'Irlande.
4 Respectivement : *Justice of Peace* et *Member of Parliament*

quoi aspire toute ambition supérieure (normale), et cela échoit aux gens qui peuvent attester d'une bonne éducation, les « *gentlemen* ». L'ambition ultime, notamment pour les grands mécènes – les finances des partis reposaient à raison peut-être de 50 % sur les dons de donateurs anonymes –, était la dignité de pair.

Le résultat de tout ce système est qu'aujourd'hui les parlementaires anglais, à l'exception des membres du Cabinet (et de quelques originaux), ne sont normalement rien d'autre qu'un troupeau de voix bien discipliné. Chez nous, au Reichstag, on s'entendait au moins à feindre de travailler pour le bien du pays en rédigeant sa correspondance privée à son pupitre de parlementaire. Nul besoin de ce genre de démonstrations en Angleterre. Le membre du Parlement doit seulement voter et ne pas trahir son parti ; il doit être présent quand les *whips* l'appellent, pour faire ce que, selon les cas, le Cabinet ou le *leader* de l'opposition ordonne. Quant à la machine du *caucus*, dans le reste du pays, elle est quasiment dépourvue d'idéologie quand il y a un chef fort, et elle est entièrement entre les mains du *leader*. Ainsi, au-dessus du Parlement se dresse celui qui est de fait un dictateur plébiscitaire, lequel entraîne les masses derrière lui par le biais de la « machine », et pour lequel les parlementaires ne sont que des prébendiers politiques qui appartiennent à sa clientèle.

Comment ces chefs sont-ils sélectionnés, et, tout d'abord, en fonction de quelles aptitudes ? À côté de qualités de la volonté, qui sont déterminantes partout au monde, le pouvoir du discours démagogique est ce qui est décisif avant tout. Son style s'est transformé depuis l'époque où, comme chez Cobden[1], il s'adressait à la raison, en passant par Gladstone[2] qui semblait n'être qu'un technicien du « laisser parler les faits », jusqu'à l'époque actuelle où l'on agit souvent à un niveau purement émotionnel, avec des moyens semblables à ceux qu'utilise l'Armée du Salut,

---

1. Richard Cobden (1804-1865), homme politique britannique, devenu membre du Parlement en 1841.
2. William Ewart Gladstone (1809-1898), homme politique britannique. Il a exercé les fonctions de Premier ministre à quatre reprises entre 1868 et 1894.

pour mettre les masses en mouvement. On peut certes nommer la situation actuelle une « dictature reposant sur l'exploitation de l'émotivité des masses ». Mais le système du travail des commissions[1], très développé dans le Parlement anglais, permet à chaque homme politique (et il l'y contraint également), s'il vise à participer à la direction, de *collaborer* au travail qui s'y fait. Tous les ministres importants des dernières décennies sont passés par cette école, très réelle et très efficace, et la pratique des rapports et de la critique publique lors de ces délibérations a pour résultat que cette école représente une sélection effective et qu'elle élimine le simple démagogue.

Voilà pour l'Angleterre. Le système du *caucus* tel qu'il s'y rencontre n'était cependant qu'une forme édulcorée, comparée à l'organisation des partis en Amérique, où le principe plébiscitaire a été développé particulièrement tôt et sous une forme particulièrement pure. L'Amérique de Washington devait, selon l'idée qu'il en avait, être une république dirigée par des « *gentlemen* ». Un *gentleman* était à l'époque, là-bas aussi, un propriétaire foncier ou un homme qui avait été éduqué dans un collège. C'est bien ce qu'il en fut tout d'abord. Quand les partis se constituèrent, les membres de la Chambre des représentants exigèrent au début d'en être les dirigeants, de même qu'en Angleterre à l'époque de la domination des notables. L'organisation des partis était extrêmement lâche. Cette situation dura jusqu'à 1824. Avant les années 1820 déjà, dans de nombreuses communes – qui furent ici aussi le point de départ du développement moderne –, la machine du parti était en gestation. Mais ce fut seulement l'élection à la présidence d'Andrew Jackson, le candidat des fermiers de l'Ouest, qui renversa les traditions

1. *Cf.* « *Parlament und Regierung* » (« Parlement et gouvernement »), *in MWS* I/15, p. 236-237 : le travail des commissions, conjugué au droit d'enquête, sur le modèle de ce qui se pratiquait en Angleterre, est considéré par Weber comme un véritable instrument de contrôle du corps des fonctionnaires, en même temps qu'un instrument d'éducation politique pour les parlementaires.

anciennes[1]. La direction des partis par des dirigeants parlementaires prit fin formellement peu après 1840, quand les grands parlementaires – Calhoun, Webster – quittèrent la vie politique, parce que le Parlement avait perdu presque tout pouvoir par rapport à la machine du parti dans le pays. Le fait que la « machine » plébiscitaire se soit développée si tôt en Amérique tenait à ce que dans ce pays, et là seulement, la tête de l'exécutif et (c'était le point important) celui qui présidait à la distribution des postes était un président élu par plébiscite, et que, du fait de la « séparation des pouvoirs », il était, dans l'exercice de ses fonctions, presque indépendant du Parlement. C'est précisément à l'occasion des élections présidentielles que les prébendes constituées par les postes s'offraient, à titre de véritable butin, comme récompense pour la victoire. La conséquence en fut tirée avec le « *spoil system* », qui devint désormais avec Andrew Jackson un principe systématique[2].

Que signifie ce « *spoil system* » – c'est-à-dire l'attribution de tous les postes fédéraux aux partisans du candidat victorieux – pour la constitution des partis aujourd'hui ? Elle a pour conséquence que se font face des partis totalement dépourvus d'idéologie, pures organisations de chasseurs de postes qui changent de programme à chaque campagne électorale au gré des chances escomptées dans la pêche aux voix ; ces changements atteignent un degré qui, en dépit de toutes les similitudes, ne se rencontre pourtant nulle part ailleurs. Les partis sont entièrement organisés dans la perspective des luttes électorales qui sont les plus importantes pour disposer des postes : celles qui concernent la présidence de l'Union et les postes de gouverneurs des États fédérés. Les programmes et les candidats sont fixés et déterminés lors des « conventions nationales » des

1. Andrew Jackson (1767-1845), élu président des États-Unis en 1828.
2. *Cf.* la déclaration de John Learned Marcy, en 1832, devant le Sénat américain : les hommes politiques « ne voient rien de mal à la règle selon laquelle les dépouilles de l'ennemi reviennent au vainqueur », d'après les notes de l'édition critique, *MWG* I/17, p. 213, note 91.

partis, sans intervention des parlementaires : ces conventions nationales sont des congrès des partis, qui ont été constitués très démocratiquement, d'un point de vue formel, par des assemblées de délégués qui tiennent à leur tour leurs mandats des « *primaries* », les assemblées des électeurs de base du parti[1]. Dès les primaires les délégués sont élus en fonction du nom du candidat à la magistrature suprême de l'Union. *À l'intérieur* de chaque parti une lutte acharnée fait rage autour de la question de la « nomination ». Le président dispose somme toute de la désignation de 300 000 à 400 000 fonctionnaires, sous la condition toutefois d'une participation des sénateurs des États fédérés. Le pouvoir politique des sénateurs est donc grand. La Chambre des représentants, en revanche, est relativement dépourvue de pouvoir politique, puisque le patronage des fonctionnaires lui échappe, et que les ministres, simples auxiliaires du président dont la légitimité, émanant du peuple, s'impose contre tous, y compris contre le Parlement, peuvent exercer leurs fonctions indépendamment de la confiance ou de la défiance de ce dernier. C'est là une conséquence de la « séparation des pouvoirs ».

Le « *spoil system* » établi sur ces bases a été techniquement *possible* en Amérique parce que, du fait de la jeunesse de la culture américaine, une pure gestion de dilettantes pouvait être tolérée. Car 300 000 à 400 000 militants de parti, ne pouvant rien invoquer d'autre pour leur qualification que d'avoir rendu de bons services à leur parti, c'est une situation qui ne pouvait bien entendu subsister sans préjudices immenses, sous les espèces d'une corruption et d'un gaspillage sans équivalent, que seul pouvait supporter un pays dont les opportunités économiques étaient encore illimitées.

---

1. On lira dans « *Parlament und Regierung* » (« Parlement et gouvernement »), *in MWS* I/15, p. 217, un passage dans lequel l'on retrouve, à propos du système politique américain, tous les aspects mentionnés ici : le patronage des charges, l'absence de contenu idéologique, la confection des programmes en fonction des demandes supposées de l'électorat, la corruption et la condition d'existence de ce système : la disposition illimitée de « chances » économiques.

Avec ce système de la machine de parti plébiscitaire on voit apparaître la figure du « *boss* ». Qu'est-ce qu'un *boss* ? Un entrepreneur capitaliste politique qui se charge, à son compte et à ses risques, de récupérer des voix. Il peut s'être constitué ses premières relations comme avocat, comme patron de troquet ou comme propriétaire d'une entreprise analogue, ou encore comme prêteur de fonds. À partir de là il continue à tisser sa toile, jusqu'à ce qu'il puisse « contrôler » un nombre déterminé de voix. Une fois arrivé là, il prend contact avec le *boss* voisin, il suscite par son zèle, son adresse et avant tout sa discrétion, l'attention de ceux qui sont déjà plus avancés dans la carrière, et il commence à son tour son ascension. Le *boss* est indispensable pour l'organisation du parti. Celle-ci est centralisée entre ses mains. Il fournit essentiellement les moyens de cette organisation. Comment accède-t-il à ces moyens ? Pour une part par les cotisations des membres, mais avant tout par la taxation des traitements des fonctionnaires qui tiennent leurs postes de lui-même ou de son parti. À quoi s'ajoute l'argent qui provient de la corruption ou des pots-de-vin. Quiconque veut enfreindre impunément l'une des innombrables lois a besoin de la connivence des *bosses* et il doit les payer, faute de quoi il risque inévitablement des ennuis. Mais ceci ne suffit pas encore à constituer le capital nécessaire à l'entreprise. Le *boss* est indispensable en tant que collecteur direct de l'argent des grands magnats financiers. Ceux-ci ne confieraient pas de l'argent destiné à des buts électoraux à un fonctionnaire de parti appointé, ni en général à un quelconque comptable officiel du parti. Le *boss*, avec sa discrétion subtile dans les affaires d'argent, est tout naturellement l'homme des cercles capitalistes qui financent les élections. Le *boss* typique est un homme absolument prosaïque. Il ne recherche pas l'honneur social ; le « *professionnal* » est méprisé dans la « bonne société ». Il recherche exclusivement le pouvoir, le pouvoir comme source d'argent, mais aussi en tant que tel. Il travaille dans l'ombre, c'est ce qui l'oppose au *leader* anglais. On ne l'entendra pas parler en public ; il suggère aux orateurs ce qu'il convient de dire, lui-même se tait. En règle générale, il n'accepte aucun poste, hormis celui de sénateur au niveau de l'État fédéral. Car comme les sénateurs, en vertu de la Constitution, participent au patronage des postes, les *bosses* dirigeants siègent souvent en personne dans cette instance. L'attribution des postes s'effectue en premier lieu en fonction de ce qui a été accompli pour le parti. Mais il arrive aussi souvent que ces postes soient adjugés en contrepartie d'exigences financières, et il a existé pour quelques postes des tarifs déterminés : un système de vente des offices tel que le connaissaient aussi souvent les monarchies des XVIIe et XVIIIe siècles, y compris les États pontificaux.

Le *boss* n'a pas de « principes » politiques fixés, il est complètement dépourvu d'idéologie, et la seule question qu'il se pose est : qu'est-ce qui rapporte des voix ? Il n'est pas rare qu'il soit assez mal éduqué. Mais il s'applique à vivre de façon irréprochable et correcte dans sa vie privée. C'est seulement au plan de la morale politique qu'il s'adapte naturellement à la morale moyenne de l'activité politique, telle qu'elle est, comme beaucoup d'entre nous ont pu le faire aussi dans le domaine de la morale économique à l'époque des accapareurs[1]. Être socialement méprisé, au motif qu'il est un « *professional* », c'est-à-dire un homme politique professionnel, lui est indifférent. Le fait que lui-même n'accède pas, ni ne veuille accéder aux hautes charges de l'Union, a pour avantage que, souvent, ce sont des intellectuels étrangers aux partis, donc des personnalités reconnues qui se présentent comme candidats quand les *bosses* espèrent par là attirer des électeurs, et non pas toujours et à nouveau les vieux notables des partis, comme il en va chez nous. C'est précisément la structure de ces partis dépourvus d'idéologie, avec des gens qui détiennent le pouvoir tout en étant socialement méprisés, qui a permis qu'accèdent à la Présidence des

1. « *In der Zeit des Hamsterns* » : allusion à la situation de pénurie qui avait sévi durant la Première Guerre mondiale : les citadins s'efforçaient d'améliorer leur ordinaire en se procurant directement des ressources à la campagne.

hommes de talent qui n'auraient jamais percé chez nous. Il est vrai que les *bosses* s'insurgent contre un outsider qui pourrait menacer leurs sources de financement et de pouvoir. Mais, dans la lutte concurrentielle pour la faveur des électeurs, il n'est pas rare qu'ils aient dû consentir à accepter précisément des candidats qui passaient pour des adversaires de la corruption.

On a donc ici une entreprise de parti fortement capitaliste, rigoureusement organisée de haut en bas, soutenue aussi par des clubs extrêmement solides et organisés à la manière des ordres de chevaliers, du type de Tammany Hall[1], lesquels visent exclusivement à acquérir des profits par le biais du contrôle politique, avant tout celui des administrations communales, qui sont ici aussi l'objet d'exploitation le plus important. Cette structure de la vie des partis a été possible du fait du degré intense de démocratie aux États-Unis, qui tient à leur caractère de « pays neuf ». Ces circonstances ont maintenant pour effet que ce système est entré dans un lent procès de dépérissement. L'Amérique ne peut plus être gouvernée uniquement par des dilettantes. Il y a quinze ans encore, à la question de savoir pourquoi ils se laissaient diriger par des politiciens qu'ils disaient eux-mêmes mépriser, les ouvriers américains répondaient : « Nous préférons avoir comme fonctionnaires des gens sur lesquels nous crachons que, comme chez vous, une caste de fonctionnaires qui nous crache dessus[2]. » C'était l'ancien point de vue de la « démocratie » américaine ; les socialistes avaient déjà à l'époque une opinion entièrement différente. Cette situation n'est plus tolérée. L'administration par des dilettantes ne suffit plus, et la *Civil Service Reform*[3] crée, en nombre sans cesse croissant, des emplois à vie ouvrant droit à la retraite, et elle a pour conséquence qu'accèdent

---

1. *Cf. supra*, p. 162, note 3.
2. Cette déclaration imputée aux ouvriers américains (qui est très certainement un souvenir de discussions auxquelles Weber avait participé lors de son voyage aux États-Unis en 1904) est également mentionnée dans la conférence sur le socialisme (*MWS* I/15, p. 304).
3 *Cf. supra*, p. 138, note 1.

aux charges publiques des fonctionnaires formés à l'Université, tout aussi incorruptibles et compétents que les nôtres. Dès à présent, 100 000 charges en gros échappent au *spoil system* lors des échéances électorales, elles ouvrent droit au contraire à une retraite et elles sont liées à une attestation de qualification. Le *spoil system* est appelé à régresser de ce fait lentement de plus en plus, et la manière dont les partis sont dirigés se transformera certainement en conséquence, quoique que nous ne sachions pas encore en quel sens.

En *Allemagne*, les conditions déterminantes de l'entreprise politique ont été jusqu'à présent pour l'essentiel les suivantes. En premier lieu : l'impuissance des parlements. La conséquence en était qu'aucun individu doté de qualités de chef n'y restait de manière durable. À supposer que l'on ait voulu y entrer, que pouvait-on y faire ? Quand un poste se libérait à la chancellerie, on pouvait dire au chef de l'administration concernée : j'ai dans ma circonscription un homme très compétent, il conviendrait, prenez-le donc. Et la réponse était souvent positive. Mais c'était aussi à peu près tout ce qu'un parlementaire allemand pouvait obtenir pour satisfaire ses instincts de pouvoir, à supposer qu'il en ait eu. À cela s'ajoutait – et ce second moment déterminait le premier – l'importance considérable, en Allemagne, des fonctionnaires ayant reçu une formation spécialisée. Nous avons été à cet égard les premiers au monde. Cette importance a eu pour conséquence que ces fonctionnaires spécialisés ont revendiqué non seulement les emplois de fonctionnaires proprement dits, mais aussi les postes de ministres. C'est au *Landtag* de Bavière que, l'an passé, lorsque l'introduction du parlementarisme vint en discussion, quelqu'un a dit : si l'on introduit les parlementaires dans les ministères, les gens doués ne seront plus fonctionnaires. En outre, la fonction publique s'est systématiquement soustraite à un type de contrôle tel que celui que représentent les discussions des commissions anglaises, et elle a ainsi interdit aux parlements de former en leur sein (hormis quelques exceptions) des chefs d'administration réellement capables.

Le troisième élément fut que, en Allemagne et à la différence de l'Amérique, nous avions des partis animés par des idéologies politiques, qui affirmaient, avec au moins une bonne foi subjective, que leurs membres défendaient des « conceptions du monde ». Or les deux plus importants de ces partis, le *Zentrum*[1] d'une part, la social-démocratie d'autre part, étaient de par leur propre volonté des partis minoritaires nés[2]. Les cercles dirigeants du *Zentrum* dans le Reich n'ont jamais caché qu'ils étaient hostiles au parlementarisme parce qu'ils craignaient de se retrouver dans la minorité et qu'il leur serait alors plus difficile de caser les chasseurs de postes en exerçant, comme ils l'ont fait jusqu'à présent, une pression sur le gouvernement. La social-démocratie était un parti minoritaire par principe, et elle était un obstacle à la parlementarisation parce qu'elle ne voulait pas se compromettre avec l'ordre politique bourgeois existant. Le fait que ces deux partis se soient exclus du système parlementaire a rendu celui-ci impossible.

Qu'est-il advenu dans ces conditions des hommes politiques professionnels en Allemagne ? Ils n'avaient pas de pouvoir, pas de responsabilité, ils ne pouvaient jouer qu'un rôle relativement subalterne de notables et ils furent par suite, chose nouvelle, animés par les instincts typiquement corporatifs que l'on retrouve partout. L'ascension d'un homme qui ne partageait pas leur manière d'être était impossible dans le cercle de ces notables dont le petit poste constituait toute la vie. Je pourrais citer dans chaque parti, y compris bien entendu la social-démocratie, des noms multiples qui ont illustré les tragédies de la carrière politique, parce que les individus concernés avaient des qualités de chef et que, précisément pour cette raison, les notables ne les ont pas tolérés. Tous nos partis politiques ont suivi cette voie, celle de la formation d'une corporation de notables. Bebel par exemple était encore un chef, par son tempérament et par la droiture de son

---

1. *Cf. supra*, p. 137, note 1.
2. Sur le même thème, *cf.* « *Parlament und Regierung* » (« Parlement et gouvernement »), *in MWS* I/15, p. 245-246.

caractère, aussi limitée que fût son intelligence. Le fait qu'il fût un martyr[1], qu'il n'ait jamais trompé la confiance des masses (à leurs yeux), avait pour conséquence qu'elles le suivaient en bloc et qu'il n'y avait aucun pouvoir à l'intérieur du parti qui aurait pu sérieusement s'opposer à lui. Cette situation prit fin avec sa mort, et ce fut le début de la domination des fonctionnaires. On assista à l'ascension des fonctionnaires syndicaux, des secrétaires de parti, des journalistes, les instincts des fonctionnaires dominèrent le parti. C'était des fonctionnaires extrêmement honorables (à un point rare, si l'on considère les conditions qui règnent dans d'autres pays, en particulier les fonctionnaires syndicaux, souvent corruptibles, en Amérique), mais les conséquences de la domination des fonctionnaires, que nous avons développées plus haut, se manifestèrent aussi dans ce parti.

Les partis bourgeois étaient depuis les années 1880 de part en part des corporations de notables. Les partis devaient certes à l'occasion attirer des intellectuels sans parti, pour des raisons de propagande, afin de pouvoir dire : « Nous avons à notre côté telle ou telle personnalité. » Ils évitaient autant que possible de les laisser se présenter aux élections, et cela ne se produisait que là où c'était inévitable, quand l'individu concerné ne permettait pas qu'il en soit autrement.

Le même esprit régnait au Parlement. Nos partis parlementaires étaient et sont des corporations. Tous les discours prononcés lors d'une séance plénière du Reichstag ont été au préalable discutés en détail dans le parti. Cela se remarque à l'ennui inouï qu'ils distillent. Seul celui qui a été désigné comme orateur peut prendre la parole. On peut difficilement imaginer un contraste plus fort par rapport aux usages anglais, mais aussi (pour des raisons tout à fait opposées) aux usages français.

Aujourd'hui, par suite des bouleversements violents que l'on nomme de façon convenue révolution, une transformation

---

1. August Bebel a été condamné à plusieurs reprises à des peines de prison pour des délits d'opinion.

est peut-être en cours. Peut-être, bien que cela ne soit pas sûr. Tout d'abord sont apparues des ébauches de formes nouvelles d'appareils de parti. Ce furent en premier lieu des appareils constitués d'amateurs. Ils sont souvent défendus par des étudiants des diverses universités qui disent à un individu auquel ils attribuent des qualités de chef : nous ferons pour vous le travail indispensable, acceptez d'en prendre la direction. En second lieu, des appareils d'hommes d'affaires. Il est arrivé que certains aient pris contact avec des hommes auxquels ils prêtaient des qualités de chef et qu'ils se soient proposés de se charger de la propagande, moyennant une rétribution fixe pour chaque voix d'électeur. Si vous me demandiez honnêtement lequel des ces deux appareils je tiens pour le plus sûr, d'un point de vue de technique politique pure, je crois que je donnerais la préférence au dernier. Mais l'un et l'autre furent des bulles qui gonflèrent vite, pour disparaître tout aussi rapidement. Les appareils existants se redistribuèrent, mais ils continuèrent à travailler. Ces phénomènes n'ont été que des symptômes signalant que les nouveaux appareils se mettraient en place, si seulement il y avait des chefs. Mais déjà les particularités techniques de l'élection à la proportionnelle excluaient qu'ils puissent connaître une ascension. Seuls quelques dictateurs de la rue apparurent et disparurent derechef[1]. Et seuls les partisans de la dictature de la rue sont organisés selon une discipline stricte ; de là vient le pouvoir de ces minorités évanescentes.

---

1. Allusion à Karl Liebknecht et Rosa Luxemburg, qui avaient fondé le parti communiste allemand en décembre 1918. Max Weber s'est exprimé à l'occasion de manière extrêmement sévère à leur propos. Il a cependant condamné sans équivoque les conditions dans lesquelles ils furent assassinés en janvier 1919. *Cf.* le compte rendu d'un discours prononcé par lui lors d'une réunion du DDP (parti démocrate allemand), le 17 janvier 1919, *in MWG*, I/16, p. 461 : « Le dictateur de la rue a trouvé une fin que je ne lui souhaitais pas. Liebknecht, qui était incontestablement un homme intègre, a appelé au combat de rues. La rue l'a tué. En ce qui concerne le caractère ignominieux de la fin de Rosa Luxemburg, il n'y a rien à dire, cela doit être l'avis de tout homme honnête. Seul un tribunal régulier aurait dû les juger l'un et l'autre. »

Admettons que cela change. D'après ce que nous avons dit précédemment, il doit nous être clair que la direction des partis par des chefs élus par plébiscite entraîne la « mort spirituelle » de leurs partisans, leur prolétarisation intellectuelle pourrait-on dire. Pour qu'un chef puisse user d'eux comme d'un appareil, ils doivent obéir aveuglément, constituer une machine au sens américain, qui ne soit troublée ni par la vanité des notables ni par leurs prétentions à l'originalité. Seul ce caractère a rendu possible l'élection de Lincoln[1], et pour Gladstone, comme on l'a dit, la même chose se produisit dans le *caucus*. C'est là le prix qu'il faut payer pour la direction par des chefs. Mais il n'y a qu'une alternative : démocratie de chefs avec « machine », ou démocratie sans chef, c'est-à-dire la domination d'hommes politiques professionnels dépourvus de vocation (*Berufspolitiker ohne Beruf*[2]), sans les qualités charismatiques intérieures qui font les chefs. Et cela signifie ce que les frondeurs à l'intérieur d'un parti nomment habituellement la domination de la « clique ». Pour l'instant, en Allemagne, c'est tout ce que nous avons. Et la persistance de cet état de choses à l'avenir, dans le Reich du moins, est favorisée tout d'abord par le fait que le Bundesrat va certainement se reconstituer[3] et qu'il limitera nécessairement le pouvoir du Reichstag, et par là l'importance de ce dernier en tant que lieu de sélection des chefs. Cette situation est favorisée en outre par l'élection à la proportionnelle, telle qu'elle est aujourd'hui organisée. C'est là un phénomène typique de la démocratie sans chef, non seulement parce que ce système électoral favorise le marchandage des notables pour se placer, mais aussi parce qu'il donne à l'avenir aux groupes d'intérêts la possibilité d'imposer leurs employés sur les listes et de créer ainsi un parlement apolitique dans lequel il n'y a pas

1. Abraham Lincoln (1809-1865), élu président des États-Unis en 1860.
2. *Cf. supra*, préface, p. 23.
3. Sur les débats relatifs à la nouvelle constitution et aux relations entre *Bundesrat* et *Reichstag*, *cf.* « Parlament und Regierung » (« Parlement et gouvernement »), *in MWS* I/15, p. 275-302.

de place pour de véritables chefs. Le seul exutoire permettant de répondre au besoin d'un chef pourrait être le président du Reich, s'il était élu par plébiscite et non par le Parlement[1]. Pour que des chefs puissent se former et être sélectionnés sur la base d'une mise à l'épreuve par le travail, il faudrait avant tout qu'apparaissent dans les grandes municipalités (comme c'est le cas partout aux États-Unis, là où l'on a voulu s'attaquer sérieusement à la corruption) des maires de ville élus par plébiscite et dotés du droit de composer leurs bureaux de façon indépendante. Une telle situation aurait pour conséquence une organisation des partis adaptée à ce type d'élections. Mais l'hostilité parfaitement petite-bourgeoise que tous les partis, y compris et surtout la social-démocratie, entretiennent à l'égard des chefs laisse encore dans une obscurité totale ce que sera le type futur de structuration des partis, et par là aussi toutes ces éventualités.

Il est par suite totalement impossible, aujourd'hui encore, de prévoir comment se présentera extérieurement l'entreprise de la politique en tant que « profession-vocation », et il est encore moins possible, par conséquent, de prévoir par quelle voie s'ouvriront, pour les individus dotés de talents politiques, des chances de se voir confrontés à une tâche politique satisfaisante. Celui qui est obligé de vivre « de la politique », du fait de sa situation de fortune, devra certainement toujours choisir l'un des deux termes de cette alternative : le journalisme ou un emploi de fonctionnaire de parti, qui sont les voies directes typiques, ou bien l'une des associations représentatives d'intérêts : syndicat, chambre de commerce, chambre d'agriculteurs, chambre de métiers, bourses du travail, associations d'employeurs, etc., ou encore des emplois communaux appropriés. Concernant l'aspect externe, il n'y a rien d'autre à dire que ceci : le fonctionnaire de parti partage avec le journaliste la flétrissure du

1. Sur l'élection plébiscitaire du président comme alternative aux « marchandages des parlementaires », *cf.* notamment l'article publié par Weber dans le *Börsenzeitung* du 25 février 1919 (*MWS* I/16, p. 75-77).

déclassé. Ils s'entendront malheureusement toujours traiter d'« écrivain à gages » pour l'un, d' « orateur à gages » pour l'autre, fût-ce implicitement. Quiconque est intérieurement démuni contre cette situation et n'est pas capable de se donner à lui-même la réponse qui convient, qu'il reste à l'écart de cette carrière qui, dans tous les cas, outre qu'elle l'expose à des tentations pénibles, est une voie qui peut lui apporter des déceptions continuelles. Quelles joies intimes cette carrière peut-elle par ailleurs offrir, et quelles conditions personnelles présuppose-t-elle chez celui qui se tourne vers elle ?

Elle offre d'abord un sentiment de pouvoir. Même dans des emplois officiellement modestes, la conscience d'avoir une influence sur les hommes, de participer au pouvoir exercé sur eux, et surtout le sentiment d'être de ceux qui tiennent en main un nerf des événements historiques importants peuvent hausser l'homme politique au-dessus du quotidien ordinaire. Mais la question est alors pour lui : par quelles qualités peut-il espérer se montrer à la hauteur de ce pouvoir (aussi étroitement circonscrit soit-il dans le cas particulier), et par conséquent à la hauteur de la responsabilité qu'il fait peser sur lui ? Nous entrons ici dans le domaine des questions morales, car à cette question est liée la suivante : quel genre d'homme faut-il être pour se permettre d'introduire la main dans les rayons de la roue de l'histoire ?

On peut dire que trois qualités sont essentielles et décisives pour l'homme politique : la passion, le sentiment de responsabilité et le coup d'œil. La passion au sens de l'attachement à la cause (*Sachlichkeit*[1]) : se dévouer passionnément à une « cause » (*Sache*), au dieu ou au démon qui l'ordonne, et non au sens de cette attitude intérieure que mon défunt ami Georg Simmel avait coutume de qualifier d'« excitation stérile » et qui est le propre d'un certain type d'intellectuels, russes avant tout (non pas de

1. Concernant la série sémantique *Sachlichkeit*, *Sache*, *sachlich*, *cf.* ma préface pour l'explication des traductions inhabituelles que je risque dans ce passage.

tous !), une attitude qui joue maintenant un rôle si important chez nos intellectuels également, dans ce carnaval que l'on pare du fier nom de « révolution » : un « goût romantique de l'excitation intellectuelle », fonctionnant à vide, sans aucun sentiment de responsabilité envers une cause (*sachlich*). Car la passion seule, aussi authentique soit-elle, ne suffit pas. Elle ne fait pas d'un individu un homme politique quand elle ne fait pas du service de la « cause », donc aussi de la *responsabilité* à l'égard de cette cause précisément, l'étoile qui guide l'action de manière déterminante. Et pour cela il faut le *coup d'œil* (celui-ci est la qualité psychologique décisive de l'homme politique), c'est-à-dire la capacité de laisser agir sur soi les réalités, dans le recueillement intérieur et la tranquillité, donc : la distance à l'égard des choses et des hommes. L'« absence de distance », purement en tant que telle, est l'un des péchés mortels de tout homme politique et si on la cultive dans la jeune génération de nos intellectuels, elle les condamnera à l'incapacité politique. Car le problème est précisément de savoir comment la chaleur de la passion et la froideur du coup d'œil peuvent être contraintes à cohabiter dans la même âme. La politique se fait avec la tête, et non avec d'autres parties du corps ou de l'âme. Et pourtant le dévouement à la politique, pour ne pas être un jeu intellectuel frivole mais une action authentiquement humaine, ne peut naître que de la passion et n'être nourri que par elle. Mais cette forte maîtrise de l'âme qui caractérise l'homme politique passionné et le distingue du dilettante politique qui se contente de l'« excitation stérile », n'est possible que par l'accoutumance à la distance, en tous les sens du mot. La « force » d'une « personnalité » politique consiste en tout premier lieu à posséder ces qualités.

L'homme politique doit donc surmonter en lui-même, chaque jour et à chaque heure, un ennemi tout à fait trivial et trop humain : la vanité tout à fait commune, qui est l'ennemie mortelle de tout dévouement à une cause (*sachlich*) et de toute distance, dans notre cas de la distance à l'égard de soi-même.

La vanité est un trait extrêmement répandu, et personne peut-être n'en est totalement dépourvu. Dans les milieux académiques et les cercles des savants, c'est une sorte de maladie professionnelle. Mais précisément chez le savant, aussi antipathique que puisse être la manière dont elle se manifeste, elle est relativement inoffensive en ce sens que, en règle générale, elle ne perturbe pas l'activité scientifique. Il en va tout autrement chez l'homme politique. L'aspiration au *pouvoir* est pour lui un moyen inévitable avec lequel il travaille. L'« instinct de pouvoir », comme on a l'habitude de s'exprimer, appartient par conséquent dans les faits à ses qualités normales. Mais le péché contre l'esprit de sa profession commence là où cette aspiration au pouvoir cesse d'être ordonnée à une cause (*unsachlich*) et où elle devient un motif de griserie personnelle, au lieu de fonctionner exclusivement au service de la « cause ». Car il n'y a en définitive que deux sortes de péchés mortels dans le domaine de la politique : l'absence de cause (*Unsachlichkeit*) et (ce qui est souvent, mais pas toujours, la même chose) l'absence de responsabilité. La vanité, c'est-à-dire le besoin d'occuper le devant de la scène de la manière la plus visible possible, est ce qui induit le plus fortement l'homme politique à la tentation de commettre l'un ou l'autre de ces péchés, voire les deux. C'est d'autant plus le cas quand le démagogue est contraint de compter avec l'« efficacité ». Pour cette raison précisément il court toujours le danger de se transformer en histrion, ainsi que de prendre à la légère sa responsabilité pour les conséquences de son action, et de ne s'inquiéter que de l'« impression » qu'il fait. Faute d'engagement pour une cause (*seine Unsachlichkeit*), il est tenté de rechercher l'apparence brillante du pouvoir plutôt que le pouvoir réel, et faute de sentiment de responsabilité, de jouir du pouvoir simplement pour lui-même, sans but substantiel. Car bien que, ou plutôt précisément *parce que* le pouvoir est le moyen inévitable de la politique, et l'aspiration au pouvoir par conséquent l'une des forces motrices de toute politique, il n'y a pas de distorsion plus nocive de la force politique que l'attitude du parvenu qui fait du pouvoir un motif de vantardise et qui se complait avec vanité dans le sentiment du pouvoir, ou, de façon générale, toute adoration du pouvoir simplement pour lui-même. Celui qui n'est rien d'autre qu'un « politicien épris de puissance » (*Machtpolitiker*[1]), une figure qu'un culte pratiqué avec zèle cherche chez nous aussi à transfigurer, peut faire forte impression, mais son action s'exerce en fait dans le vide et est dépourvue de sens. En cela les critiques de la « politique de la puissance » (*Machtpolitik*) ont parfaitement raison. L'effondrement psychique brutal de représentants typiques de cette disposition d'esprit nous a donné l'occasion d'éprouver la faiblesse psychique et l'impuissance qui se cachent derrière cette posture tape-à-l'œil, mais totalement vide. Elle est le produit d'un cynisme tout à fait minable et superficiel à l'égard du *sens* de l'action humaine, un sentiment qui n'a pas la moindre affinité avec le savoir du tragique en lequel toute action est engagée, et avant tout l'action politique.

Il est parfaitement vrai, et c'est une donnée fondamentale de toute histoire (que nous ne pouvons justifier ici plus avant), que le résultat ultime de l'action politique entretient souvent, voire quasi toujours, un rapport tout à fait inadéquat, souvent quasiment paradoxal avec son sens originel[2]. Mais c'est la raison pour laquelle ce sens, à savoir le service d'une cause, ne doit pas faire défaut pour que l'action ait une consistance interne. Au service de quelle cause l'homme politique vise-t-il et utilise-t-il le pouvoir, c'est là une affaire de foi. Il peut servir des buts

1. Les notions de *Machtpolitik* et de *Machtstaat* sont généralement associées au réalisme politique brutal professé par certains représentants des milieux politiques ou historiens (*Treitschke*) allemands de la fin du XIXe siècle. Weber doit-il ou non être classé dans ce courant ? On voit ici au moins que l'homme politique qui n'aurait pour seule raison d'agir que la quête ou la conservation du pouvoir n'est pas considéré par Weber comme un idéal.

2. Weber vise là ce qu'on nomme souvent le « paradoxe des conséquences ». Il arrive à Weber de nommer « destin » ce désaccord entre les intentions des hommes et les résultats de leur action. *Cf. supra*, préface, p. 19, note 1.

nationaux ou humains, sociaux et moraux ou culturels, profanes ou religieux, il peut être animé par une robuste foi dans le « progrès » (en quelque sens que ce soit) ou bien rejeter avec froideur ce genre de foi, il peut prétendre être au service d'une « idée » ou bien, récusant en principe cette prétention, vouloir servir des buts extérieurs de la vie quotidienne : il faut toujours qu'il existe une forme quelconque de foi. Pour le reste, il est parfaitement exact que la malédiction du néant de la créature pèse aussi sur les résultats politiques les plus fortement manifestes.

Avec ce qui vient d'être dit nous avons déjà commencé à discuter le dernier des problèmes qui nous occupent aujourd'hui : l'éthos de la politique en tant que « cause ». Quelle mission (*Beruf*) peut-elle elle-même remplir, tout à fait indépendamment de ses fins, dans l'économie morale générale de la conduite de vie ? Quel est, en quelque sorte, son lieu moral originaire ? Ici s'affrontent, il est vrai, des conceptions du monde ultimes entre lesquelles il faut en définitive *choisir*[1]. Abordons résolument ce problème qui a été récemment une nouvelle fois ouvert, à mon sens d'une manière tout à fait faussée.

Mais débarrassons-nous tout d'abord d'une falsification parfaitement triviale. L'éthique peut en effet se présenter d'abord dans un rôle tout à fait catastrophique du point de vue moral. Prenons des exemples. Il est rare qu'un homme dont l'amour se détourne d'une femme pour se tourner vers une autre n'éprouve pas le besoin de légitimer cette attitude à ses propres yeux en disant : elle n'était pas digne de mon amour, ou bien elle l'a déçu, ou en invoquant quelques autres « raisons » de ce genre. Il s'agit d'un manque de courtoisie qui, de façon profondément non chevaleresque, ajoute au simple fait qu'il n'aime plus cette femme et qu'elle doit endurer cet état de chose, une « légitimité » fictive en vertu de laquelle il revendique pour lui-même un droit et où il cherche à faire endosser à cette femme

1. Concernant l'incompatibilité des systèmes de valeurs ultimes sur lesquels l'action peut se régler, *cf.* la conférence sur le savant, *supra*, p. 103.

l'injustice en sus du malheur. Le concurrent érotique heureux procède exactement de la même manière : la valeur de l'adversaire doit être moindre, sinon il n'aurait pas succombé. Et naturellement, il n'en va pas autrement quand, après une guerre victorieuse, quelle qu'elle soit, le vainqueur soutient, avec la morgue indigne de celui qui prétend avoir toujours raison[1] : j'ai vaincu parce j'avais raison. Ou encore, lorsque quelqu'un qui s'effondre psychologiquement devant les horreurs de la guerre et qui éprouve alors le besoin de légitimer à ses propres yeux sa lassitude de la guerre, au lieu de dire simplement que c'était précisément trop pour lui, substitue à cette explication le sentiment suivant : je ne pouvais pas supporter cela parce que j'étais contraint de combattre pour une cause moralement mauvaise. Et il en va encore de même pour le vaincu dans la guerre. Au lieu de chercher des « coupables » après une guerre, à la manière des vieilles femmes – quand c'est la structure de la société qui a produit la guerre –, l'attitude virile et austère consiste à dire à l'ennemi : « Nous avons perdu la guerre, vous l'avez gagnée. Cela est acquis. Discutons maintenant des conséquences qu'il faut en tirer, conformément aux intérêts *objectifs (sachlich)* qui

1. Tout ce passage fait écho aux préoccupations exprimées par Max Weber dans des conférences et articles du début de l'année 1919, autour du thème de la responsabilité allemande dans le déclenchement de la guerre. *Cf.* « Zum Thema der "Kriegsschuld" » (« À propos de la responsabilité pour la guerre »), article paru dans la *Frankfurter Zeitung*, 17 janvier 1919 (*MWS* I/16, p. 60-66), ainsi que « Die Untersuchung der Schuldfrage » (« L'enquête sur la question de la responsabilité »), article dans la *Frankfurter Zeitung*, 22 mars 1919 (*ibid.*, p. 78-79). On trouve dans ces articles des formulations quasiment identiques à celles du présent texte, notamment l'allusion méprisante à ceux qui s'effondrent devant les horreurs de la guerre (*ibid.*, p. 60). Dans l'article du 17 janvier 1919, Weber développe le thème, esquissé dans notre texte, de la différence entre les causes prochaines et les causes lointaines de la guerre, en prenant pour exemple à la fois la guerre de 1914 et celle de 1870. Dans l'un et l'autre cas, les actions diplomatiques particulières qui ont immédiatement conduit à la guerre « ne furent certainement pas sans importance quant au résultat politique, mais, pour la genèse de la guerre elle-même, il s'agit de *formes* indifférentes dans lesquelles la guerre s'est tissée » (*ibid.*, p. 62).

étaient en jeu et (c'est le point principal) au regard de la responsabilité envers l'*avenir*, laquelle incombe avant tout aux vainqueurs. » Tout le reste est indigne et se paie. Une nation pardonne les atteintes à ses intérêts, mais non les atteintes à son honneur, d'autant moins lorsqu'elles sont inspirées par cette prétention à avoir toujours raison, digne d'un curé. Tout nouveau document exhumé après des décennies réveille les braillements indignes, la haine et la colère, au lieu que la guerre, une fois finie, soit au moins *moralement* enterrée. Cela n'est possible que par l'objectivité (*Sachlichkeit*) et la courtoisie, ce n'est possible, avant tout, que par la *dignité*. Ce n'est jamais possible par une « éthique » qui signifie en vérité une absence de dignité de part et d'autre. Au lieu de se soucier de ce qui concerne l'homme politique, à savoir l'avenir et la responsabilité à l'égard de l'avenir, cette éthique s'occupe de questions politiquement stériles, parce qu'indécidables, de culpabilité dans le passé. Agir ainsi, c'est commettre une faute morale en politique, s'il existe quelque chose de ce genre. On méconnaît en outre par là la falsification inévitable de tout le problème par des intérêts très matériels : les intérêts du vainqueur à un gain, moral et matériel, aussi élevé que possible, les espoirs des vaincus d'obtenir des avantages en échange de la reconnaissance de leur culpabilité[1]. S'il est quelque chose de « vulgaire », c'est bien cela, et c'est la conséquence de ce type d'utilisation de l'« *éthique* » comme moyen au service de la prétention à avoir raison.

Mais qu'en est-il donc de la relation réelle entre éthique et politique ? N'ont-elles absolument rien à voir entre elles, comme il est arrivé qu'on le dise ? Ou bien est-il exact au contraire que

---

1. Kurt Eisner, alors qu'il était Ministre-Président de Bavière (*cf. supra*, p. 113, note 2) espérait qu'un aveu de culpabilité de la part de l'Allemagne améliorerait ses possibilités de transaction dans les discussions préparatoires au traité de paix. En novembre 1918, il fit publier des extraits des rapports de la délégation bavavoise à Berlin durant la période de juillet à août 1914, rapports qui étaient supposés changer le gouvernement allemand.

c'est la même « éthique » qui vaut pour l'action politique comme pour toute action ? On a cru parfois que ces deux affirmations constituent une alternative exclusive : l'une ou l'autre devrait être exacte. Mais est-il bien vrai qu'une éthique quelconque au monde puisse formuler des commandements de contenu *identique* pour les relations érotiques et commerciales, familiales et officielles, pour les relations que l'on entretient avec sa femme, sa marchande de légumes, son fils, son concurrent, son ami, un accusé ? Se peut-il réellement que les exigences éthiques que l'on fait valoir à l'égard de la politique soient indifférentes au fait que celle-ci œuvre avec un moyen très spécifique, le pouvoir, derrière lequel se tient la *violence* ? Ne constatons-nous pas que les idéologues bolchevistes et spartakistes, précisément parce qu'ils emploient ce moyen qui est celui de la politique, produisent exactement les *mêmes* résultats que n'importe quel dictateur militaire ? En quoi, sinon précisément par la personne des détenteurs du pouvoir et leur dilettantisme, la domination des conseils d'ouvriers et des soldats se distingue-t-elle de celle d'un quelconque détenteur du pouvoir du régime antérieur ? En quoi même la polémique de la plupart des représentants de l'éthique prétendument nouvelle contre les adversaires qu'ils critiquent se distingue-t-elle de celle de n'importe quel autre démagogue ? Par la noblesse de l'intention, s'entend-on répondre. Soit. Mais c'est du moyen dont il est question ici, et les adversaires contre lesquels on combat revendiquent tout aussi bien, avec une entière sincérité subjective, la noblesse de leurs intentions ultimes. « Qui s'empare de l'épée mourra par l'épée[1] », et la lutte est toujours la lutte. Alors, l'éthique du Sermon sur la montagne ? Le sermon sur la montagne – on entend par là l'éthique absolue de l'Évangile – est une chose plus sérieuse que ne le croient ceux qui se plaisent aujourd'hui à citer ces commandements. On ne peut pas plaisanter avec lui. À lui s'applique ce qu'on a dit de la causalité

1. Référence à l'Évangile de Matthieu, 26, 52.

dans la science : c'est un fiacre que l'on ne peut pas arrêter à sa guise pour y monter ou en descendre selon son humeur[1]. Il faut l'accepter *totalement* ou pas du tout, *c'est là* précisément son sens, si on veut en tirer autre chose que des trivialités. Ainsi, par exemple, le jeune homme riche : « Il s'éloigna avec tristesse, car il avait de nombreux biens[2]. » Le commandement de l'Évangile est inconditionnel et univoque : donne ce que tu as, *tout*, purement et simplement. L'homme politique dira : c'est là une exigence excessive, socialement absurde aussi longtemps qu'elle ne s'applique par à *tous*. Donc il faut des impôts, des prélèvements, des confiscations, en un mot : la coercition et l'ordre doivent être imposés à *tous*. Mais ce n'est pas *du tout* ce qu'exige le commandement éthique, conformément à son essence. Ou encore : « Tend l'autre joue[3] ! » Sans condition, sans demander ce qui autorise l'autre à te frapper. C'est une éthique de l'indignité, sauf pour un saint. C'est bien cela : il faut être un saint *en toutes* choses, au moins par la volonté, il faut vivre comme Jésus, les apôtres, saint François d'Assise et ses pareils, et cette éthique fait alors sens et elle est l'expression d'une dignité. *Autrement non.* Car s'il est dit, en conséquence de l'éthique d'amour acosmique[4] : « Tu ne dois pas résister au mal par la violence », la proposition qui vaut pour l'homme politique est au contraire : tu *dois* résister au mal par la violence, faute de quoi tu es *responsable* de sa propagation. Quiconque prétend agir selon l'éthique de l'Évangile, qu'il s'abstienne des grèves (car elles relèvent de la coercition) et qu'il rejoigne les syndicats jaunes. Mais qu'il ne parle surtout pas de « révolution ». Car ce que cette éthique prétend enseigner n'est certainement pas que la guerre civile, précisément,

---

1. Allusion à une remarque d'Arthur SCHOPENHAUER, *De la quadruple racine du principe de raison suffisante*, Vrin, Paris, 2003.
2. Évangile selon Matthieu, 19, 22.
3. Évangile selon Matthieu, 5, 39.
4. Sur l'amour acosmique, voir la « Considération intermédiaire », *in SR*, p. 420 et p. 424 *et sq*.

serait la seule guerre légitime. Le pacifiste qui agit selon l'Évangile refusera de prendre les armes, ou bien il les déposera, comme on l'a recommandé en Allemagne, et cela à titre de devoir éthique, pour mettre fin à la guerre et par là à toute guerre. L'homme politique dira : le seul moyen sûr de discréditer la guerre pour tous les temps à venir aurait été une paix sur la base du *statu quo*. Car les peuples se seraient demandé : à quoi a servi la guerre ? Elle aurait été rendue absurde, ce qui n'est pas possible maintenant. Car les vainqueurs – du moins une partie d'entre eux – vont en tirer des bénéfices politiques. Et le comportement qui nous a rendu impossible toute résistance est responsable de cet état de chose. Désormais, une fois passé le moment de la lassitude, c'est la paix qui sera discréditée, et non la guerre. On a là une conséquence de l'éthique absolue.

Enfin, le devoir de vérité. Il est inconditionnel pour l'éthique absolue. On en a tiré les conséquences suivantes : on publiera tous les documents, avant tout les documents qui accablent notre propre pays, et, sur la base de ces publications unilatérales, on reconnaîtra notre culpabilité, unilatéralement, sans condition, sans égard aux conséquences. L'homme politique estimera que, quant au résultat, cela ne favorise pas la vérité, mais que cela l'obscurcit avec certitude du fait des abus et du déchaînement des passions. Il constatera que seul un établissement des faits systématique et multilatéral, effectué par des observateurs impartiaux, pourrait être fécond[1], et que toute autre démarche peut avoir, pour la nation qui procède de la sorte, des conséquences que des décennies ne suffiront pas à corriger. Mais l'éthique absolue ne s'interroge précisément pas sur les « conséquences ».

---

1. En février 1919 fut créée (au domicile de Max Weber) l'« Association de Heidelberg pour une politique du droit ». Cette association (à laquelle participèrent notamment, Delbrück, Oncken, Brentano, Conrad Haussmann, le comte Montgelas et Albrecht Mendelsohn-Bartholdy) réclama, dans un appel daté du 7 février 1919 et publié dans la *Frankfurter Zeitung*, la mise en place d'une commission d'enquête neutre chargée d'établir les responsabilités dans le déclenchement de la guerre. *Cf.* Wolfgang MOMMSEN, *Max Weber et la politique allemande, 1890-1920*, *op. cit.*, p. 401 *et sq.*

C'est *ici* que réside le point décisif. Nous devons prendre conscience que toute action d'inspiration éthique peut obéir à *deux* maximes profondément différentes l'une de l'autre et dont l'opposition est irréductible. Elle peut être orientée selon une « éthique de la conviction » ou selon une « éthique de la responsabilité ». Non pas que l'éthique de la conviction soit identique à l'absence de responsabilité, et l'éthique de la responsabilité identique à l'absence de conviction. Il n'est naturellement pas question de cela. Mais il y a une opposition profonde entre l'action qui se règle sur la maxime de l'éthique de la conviction (en termes religieux : « le chrétien agit selon la justice, et il s'en remet à Dieu pour le résultat[1]»), et celle qui se règle sur la maxime de l'éthique de responsabilité selon laquelle l'on doit assumer les *conséquences* (prévisibles) de son action. Vous pouvez expliquer de la manière la plus convaincante possible à un syndicaliste[2] imbu de l'éthique de la conviction que les conséquences de son action seront d'augmenter les chances de la réaction, d'accroître l'oppression de sa classe et de freiner l'ascension de celle-ci, cela ne fera pas la moindre impression sur lui. Si les conséquences d'une action inspirée par la pure conviction sont mauvaises, le syndicaliste ne se considère pas comme responsable, mais il impute cette responsabilité au monde, à la stupidité des autres hommes ou à la volonté de Dieu

1. Référence à Luther : « *Fac tuum officium, et eventum Deo permitte* », *in Genesis-Vorlesung*.
2. « *Der Syndikalist* » : dans la conférence sur le socialisme (*MWS* I/15, p. 321), Weber note que le terme « *Syndikalismus* », forgé à partir du français, s'entendait à l'époque, en langue allemande, des formes révolutionnaires du mouvement syndical qui refusaient à la fois un syndicalisme cantonné à l'amélioration de la condition des salariés et les règles du jeu électoral et parlementaire (le Parlement pouvait être au mieux utilisé comme tribune), et qui mettaient au contraire tous leurs espoirs dans des moyens d'action radicaux tels que la grève générale et la terreur. Le « syndicalisme extrême » est également mentionné dans « Parlament und Regierung » (« Parlement et gouvernement »), *MWS* I/15, p. 246), et caractérisé là comme une « éthique héroïque de la fraternité apolitique et antipolitique ».

qui les a faits ce qu'ils sont. Le partisan de l'éthique de la responsabilité compte au contraire précisément avec ces défauts moyens des hommes, il n'a, comme Fichte l'a justement dit[1], aucun droit de présupposer leur bonté et leur perfection, il ne se sent pas en état de rejeter sur d'autres les conséquences de sa propre action, dans la mesure où il pouvait les anticiper. Il demandera que ces conséquences soient imputées à son action. Le partisan de l'éthique de conviction ne se sent « responsable » que d'une chose : empêcher que ne s'éteigne la flamme de la pure conviction, par exemple la flamme de la protestation contre l'injustice de l'ordre social. Attiser toujours à nouveau cette flamme est le but de ses actions, parfaitement irrationnelles si l'on les juge du point de vue de leur résultat possible, et qui ne peuvent et ne doivent avoir qu'une valeur exemplaire.

Mais le problème n'est pas encore résolu avec ce qui précède. Aucune éthique au monde ne peut éluder le fait que pour atteindre des fins qui sont « bonnes », on est obligé, dans de nombreux cas, de s'accommoder de moyens douteux ou au moins dangereux du point de vue moral, ainsi que de la possibilité, voire de la probabilité de conséquences accessoires mauvaises. Et aucune éthique au monde ne peut dire quand et dans quelle mesure la fin bonne du point de vue moral « sanctifie » les moyens et les conséquences accessoires moralement dangereux.

---

1. *Cf.* J.G. FICHTE, *Machiavel et autres écrits philosophiques et politiques de 1806-1907*, Payot, Paris, 1981, p. 55-56 : « Le principe fondamental de la politique machiavélienne et qui – nous l'ajoutons sans honte – est aussi le nôtre, ainsi qu'à notre avis le principe de toute théorie cohérente de l'État, est contenu dans ces paroles de Machiavel (*Discours*, L. I, chap. 3) : "Quiconque fonde une république (ou en général un État) et lui donne des lois, doit présupposer que tous les hommes sont méchants, et que sans exception ils donneront libre cours à leur méchanceté intérieure dès qu'ils trouveront pour cela une occasion sûre." Il n'est nullement nécessaire ici que l'on s'engage dans la question de savoir si les hommes sont effectivement tels qu'ils sont supposés être dans cette phrase, ou non ; en un mot : l'État, en tant qu'institution contraignante (*Zwangsanstalt*), les présuppose nécessairement tels, et seule cette présupposition fonde l'existence de l'État. »

Pour la politique, le moyen décisif est la violence, et la portée de la tension, au plan éthique, entre moyen et fin peut s'inférer du fait que, comme chacun sait, les socialistes révolutionnaires (tendance de Zimmerwald[1]) se sont réclamés, déjà durant la guerre, du principe que l'on pouvait formuler de cette manière frappante : « Si nous avons à choisir entre quelques années de guerre, suivies par la révolution, et la paix maintenant, sans révolution, nous choisissons encore : quelques années de guerre ! » À la question suivante : « Qu'est-ce que cette révolution peut apporter ? », tout socialiste ayant reçu une formation scientifique aurait répondu qu'il ne pouvait être question d'un passage à une économie que l'on puisse nommer socialiste au sens où il l'entend, mais que se reconstituerait une économie de la bourgeoisie qui pourrait seulement éliminer les éléments féodaux et les restes de la dynastie. Et c'est pour ce modeste résultat que l'on était prêt à accepter « quelques années de guerre encore » ! Il faut bien reconnaître que même quelqu'un qui possède de solides convictions socialistes pourrait rejeter une fin qui exige des moyens de ce genre. La situation est exactement la même chez les bolcheviques et les spartakistes, et en général dans toutes les espèces de socialisme révolutionnaire, et il est naturellement extrêmement ridicule d'entendre, venant de ce côté, des condamnations morales de la « politique de la violence » des hommes du régime précédent, pour avoir fait usage de ce même moyen, aussi pleinement justifié que puisse être par ailleurs le rejet de leurs buts[2].

---

1. En septembre 1915 se réunit à Zimmerwald, en Suisse, une conférence internationale socialiste. Elle adopta un manifeste en faveur de la paix autour duquel se rassemblèrent les éléments de la gauche révolutionnaire.
2. Dans la conférence sur le socialisme, Weber développe plus avant cette inconséquence des socialistes révolutionnaires qui, sur la base de la dogmatique marxiste orthodoxe de l'époque (évolutionniste), ne pouvaient attendre d'une « révolution » que l'avènement ou la restauration d'un ordre social bourgeois et qui, nonobstant, étaient prêts à accepter quelques années de guerre supplémentaires pour cette révolution si peu prometteuse (*MWS* I/15, p. 324-325).

C'est ici, sur ce problème de la sanctification des moyens par la fin, que même l'éthique de conviction paraît devoir échouer absolument. Et de fait, d'un point de vue logique, elle n'a qu'une possibilité qui est de *condamner* toute action qui emploie des moyens moralement dangereux. D'un point de vue logique, disons-nous, car il est vrai que dans le monde des réalités nous ne cessons de faire l'expérience que le partisan de l'éthique de conviction se transforme soudain en prophète millénariste et que, par exemple, ceux qui prêchaient à l'instant « l'amour contre la violence », appellent à la violence au moment suivant – à la violence *ultime* qui instituerait un état où *toute* violence serait anéantie –, de même que nos militaires disaient à chaque offensive que c'était la dernière et qu'elle apporterait la victoire et donc la paix. Le partisan de l'éthique de conviction ne supporte pas l'irrationalité éthique du monde. C'est un « rationaliste » cosmo-éthique[1]. Chacun de ceux parmi vous qui connaissent Dostoïevski se rappelle la scène du Grand Inquisiteur[2] dans laquelle le problème est exposé de manière pertinente. Il n'est pas possible de concilier l'éthique de la conviction et l'éthique de la responsabilité ou d'émettre un décret moral précisant quelle fin doit sanctifier *quel* moyen, si l'on fait à ce principe en général des concessions quelconques.

Mon collègue F. W. Foerster[3], que j'estime personnellement hautement pour la sincérité indubitable de ses convictions, mais

---

1. Sur l'incompatibilité entre le rationalisme propre à une éthique de fraternité universelle (« cosmo-éthique ») et la politique, *cf.* la « Considération intermédiaire », *in SR*, p. 426 : « Aux yeux de la rationalisation religieuse, toute politique doit nécessairement apparaître comme d'autant plus étrangère à la fraternité qu'elle est plus "objective" et plus calculatrice, plus dégagée de sentiments passionnels, qu'il s'agisse de colère ou d'amour. »
2. La référence va à un chapitre célèbre des *Frères Karamazov*, Gallimard, « La Pléiade », 1952, livre V, chap. V, p. 267-282.
3. Friedrich Wilhelm Foerster, professeur de pédagogie à l'université de Munich, défendit durant la guerre un pacifisme d'inspiration chrétienne. Le livre auquel il est fait référence est : *Politische Ethik und politische Pädagogik*, Ernst Reinhardt, München, 1918.

que je récuse sans conditions comme homme politique, croit pouvoir tourner la difficulté dans son livre par la thèse simple selon laquelle : le bien ne peut engendrer que du bien, le mal que du mal. Dans ce cas, certes, toute cette discussion n'a pas de raison d'être. Il est cependant étonnant que 2 500 ans après les *Upanisad*[1] une pareille thèse puisse encore voir le jour. Non seulement tout le cours de l'histoire mondiale, mais tout examen sans parti pris de l'expérience quotidienne atteste du contraire. Le développement de toutes les religions du monde repose sur le fait que c'est le contraire qui est vrai. L'antique problème de la théodicée réside bien dans la question : comment se fait-il qu'une puissance qui est présentée en même temps comme toute-puissante et bonne, ait pu créer un monde à ce point irrationnel, où règnent la souffrance imméritée, l'injustice impunie et la stupidité irrémédiable. Elle ne peut être l'un et l'autre, ou bien ce sont de tout autres principes de compensation et de représailles qui régissent la vie, des principes que nous pouvons interpréter métaphysiquement ou encore des principes qui échappent pour toujours à notre interprétation. Ce problème, l'irrationalité éthique du monde, a été la force motrice de tout le développement des religions[2]. La doctrine hindoue du karma[3] et le dualisme persan, le péché originel, la prédestination et le *Deus absconditus* sont tous nés de cette expérience. Même les premiers chrétiens savaient très précisément que le monde est gouverné par des démons, que

---

1. *Cf. supra*, « La science comme vocation et profession », p. 105, note 2.
2. Sur la question de la théodicée, et le rôle qu'elle joue dans le processus de rationalisation interne des religions, *cf. E&S*, chap. V, § 8 : « Le problème de la théodicée ». Pour une formulation de la question analogue à celle de *Politik als Beruf*, *cf.* notamment *ibid.*, p. 535, à propos du dieu unique, universel et transcendant : « Comment l'énorme puissance d'un tel dieu peut-elle se concilier avec le fait de l'imperfection d'un monde qu'il crée et qu'il gouverne ? »
3. *Karman* : « Le terme englobe l'"acte" ("né de la pensée, de la parole ou du corps"), l'effet de l'acte, enfin la loi qui régit cet effet, loi nécessaire à la manière d'un phénomène astronomique. » (Jean FILLIOZAT et Louis RENOU, *L'Inde classique, manuel des études indiennes*, tome 1, Payot, Paris, 1949 (réédition A.-Maisonneuve, Paris, 1985), p. 555.)

quiconque se commet avec la politique, c'est-à-dire avec le pouvoir et la violence comme moyens, conclut un pacte avec des puissances diaboliques, et que, pour ce qui est de son action, il n'est *pas* vrai que le bien ne puisse engendrer que du bien, et le mal que du mal, mais que c'est souvent le contraire. Quiconque ne voit pas cela est en fait un enfant du point de vue politique.

L'éthique religieuse s'est accommodée de diverses manières du fait que vous sommes engagés dans différents ordres de vie soumis à des lois différentes[1]. Le polythéisme grec sacrifiait à Aphrodite comme à Héra, à Dionysos comme à Apollon, et il savait que ces divinités étaient souvent en conflit entre elles. L'ordre de vie hindouiste faisait de chacune des diverses professions l'objet d'une loi morale particulière, un dharma, et il les séparait les uns des autres pour toujours, selon les castes, il les organisait ce faisant en une hiérarchie rigoureuse à laquelle celui qui y était né ne pouvait échapper, sinon en renaissant dans une vie prochaine ; il les établissait par là dans une distance plus ou moins grande avec les biens de salut[2] religieux suprêmes. Il lui était ainsi possible d'aménager le dharma de chaque caste individuelle, depuis les ascètes et les brahmanes jusqu'aux larrons et aux prostituées, conformément aux lois immanentes propres à la profession. Ainsi en allait-il aussi de la guerre et de la politique. Vous trouvez indiquée la place de la guerre dans la totalité des ordres de vie dans le Bhagavadgîtâ, dans la discussion entre K*rs*na et Arjuna[3]. « Fais ce que tu dois faire », c'est-à-dire ce qui est ton devoir selon le dharma de la caste des guerriers et les règles qui sont les siennes, ce qui est objectivement (sachlich)

---

1. *Cf.* « Considération intermédiaire », *in SR*, p. 417 *et sq.*, où la thématique de la pluralité des ordres de vie est exposée de manière systématique.
2. Sur les « biens de salut », *cf.* l'introduction à « L'éthique économique des religions mondiales », *in SR*, p. 345 *et sq.*
3. La discussion entre K*rs*na et Arjuna occupe le chant II du Bhagavadgîtâ. *Cf. L'Hindouisme. Textes et traditions sacrés*, *op. cit.* Le passage cité correspond au vers 48 (*op. cit.*, p. 175). Cette discussion est relatée et commentée en détail par Max Weber dans *H&B*, en particulier p. 315-319, où l'on trouve également des éléments concernant le Bhagavadgîtâ et le *dharma* de caste du guerrier.

nécessaire conformément au but de la guerre. Agir ainsi, selon cette croyance, ne nuit pas au salut religieux, mais le sert. Pour le guerrier hindou, le ciel d'Indra[1] était depuis toujours, lorsque l'on mourait en héros, aussi certain que le walhalla[2] pour le Germain. Le premier n'aurait eu que dédain pour le nirvâ*n*a[3], de même que le second pour le paradis chrétien avec ses chœurs d'anges. Cette spécialisation de l'éthique permettait à l'éthique hindoue de traiter sans discontinuité l'art royal de la politique, en se contentant de suivre les lois qui sont propres à la politique, et ce traitement accentuait cet art dans un sens radical. Une forme réellement radicale de « machiavélisme » (au sens populaire du mot) est représentée de manière classique dans la littérature indienne avec l'Arthaçâstra de Kautilya[4] (bien avant l'ère chrétienne, à l'époque de Candra-

---

1. Dans le panthéon hindou, Indra est le dieu prééminent, appui des guerriers et protecteur de leur caste. Son ciel (Trivi*st*apa) est décrit sur le modèle d'une cour royale où s'accumulent toutes les jouissances. *Cf.* J. FILLIOZAT et L. RENOU, *Manuel des études indiennes*, t. 1, *op. cit.*, p. 492-493
2. Dans la mythologie germanique, le walhalla est le séjour paradisiaque promis aux guerriers morts en héros.
3. Dans l'hindouisme, le nirvâ*n*a (« extinction ») est un état de suspens des désirs et sentiments que l'on atteint par différentes techniques psychiques. Dans *H&B*, Weber, s'appuyant sur H. Oldenberg (*Die Religion des Veda*), caractérise le nirvâ*n*a comme un état « dans lequel toute "base matérielle" était éliminée : un habitus qui apparaissait lorsque tout lien avec le monde était rompu (*H&B*, p. 308). *Cf.* également J. FILLIOZAT et L. RENOU, *Manuel des études indiennes*, t. 2, *op. cit.*, p. 546-548.
4. Dans la tradition hindouiste, l'Arthaçâstra (« enseignement du profit ») est une branche du savoir qui embrasse toutes les doctrines et tous les traités qui se réfèrent à la vie pratique, et en particulier à la vie politique. Le texte essentiel composant le recueil connu sous ce nom est attribué à Kau*t*ilya. Celui-ci, qui passe pour avoir été ministre du roi Chandragupta de la dynastie Maurya (IVe siècle av. J.-C.), est présenté par la tradition comme un ministre dévoué mais retors, qui ne s'embarrassait d'aucun scrupule quand il s'agissait de servir les intérêts de son maître et de nuire à ses ennemis. Il est souvent nommé le « Machiavel de l'Inde ». *Cf.* Louis RENOU, *Littérature sanscrite*, Maisonneuve, Delachaux et Niestlé, Paris et Neuchatel, 1945, p. 17. Également Louis RENOU et Jean FILLIOZAT, *L'Inde classique*, Imprimerie nationale, Paris, 1953, p. 124-128. Voir à ce propos, et dans cette perspective (le « machiavélisme politique ») Max WEBER, *H&B*, p. 261.

gupta dit-on). Comparé à ce texte, le Prince de Machiavel est inoffensif. On sait que dans l'éthique catholique, dont le professeur Foerster est proche par ailleurs, les « *consilia evangelica*[1] » constituent une éthique particulière destinée à ceux qui possèdent le don charismatique permettant de mener la vie d'un saint. À côté du moine, lequel ne doit ni verser de sang ni chercher à s'enrichir, on a le chevalier et le bourgeois pieux qui ont le droit, eux, de verser le sang pour le premier ou de chercher à s'enrichir pour le second. Les différenciations de l'éthique et son insertion dans une doctrine organique du salut sont moins conséquentes qu'en Inde, il devait et il pouvait en être ainsi en raison des présuppositions de la foi chrétienne. La corruption du monde, conséquence du péché originel, permettait assez facilement de faire une place à la violence dans l'éthique, pour corriger le péché et les hérétiques qui mettent les âmes en danger. Mais les exigences acosmiques relevant de la pure éthique de la conviction, celles du Sermon sur la montagne, ainsi que le droit naturel religieux qui reposait sur elles, considéré comme une exigence absolue, ont gardé leur puissance révolutionnaire et elles ont refait surface, avec une force élémentaire, dans presque toutes les époques d'ébranlement social. Ces exigences et ce droit ont donné naissance en particulier aux sectes pacifistes radicales. L'une d'entre elles, en Pennsylvanie, a tenté l'expérience d'un État qui renonce à la violence vers l'extérieur. L'issue en fut tragique dans la mesure où les quakers, lorsque la guerre d'Indépendance éclata, ne purent prendre les armes pour leurs idéaux, que cette guerre défendait[2]. Le protestantisme ordinaire, en revanche, légitimait l'État, donc le recours à la violence, de façon absolue, en tant qu'institution divine, et il affirmait notamment la légitimité de l'État hiérarchique autoritaire. Luther a ôté à l'individu le poids de la responsabilité éthique pour la guerre, et il l'a reversé sur l'instance du pouvoir

1. Les « *consilia evangelica* » sont des préceptes de vie pour le chrétien.
2. Les quakers (secte chrétienne fondée par Georges Fox au XVIIe siècle) refusaient le service militaire.

obéir à celle-ci, dans toutes les choses qui ne sont pas matière de foi, ne peut jamais induire une culpabilité. Le calvinisme à son tour admettait la violence principiellement comme un moyen de défense de la foi, la guerre sainte donc, qui fut dans l'islam, dès ses commencements, un élément vital. On le voit : ce n'est nullement l'incroyance moderne, née du culte des héros de la Renaissance[1], qui fait apparaître le problème de l'éthique politique. Toutes les religions se sont affrontées à ce problème, avec des succès très divers, et d'après ce que nous avons dit, il ne pouvait en être autrement. C'est le fait que des groupements d'hommes détiennent le moyen spécifique de la violence légitime, purement en tant que tel, qui conditionne la particularité de tous les problèmes éthiques de la politique.

Quiconque pactise avec ce moyen, pour quelque but que ce soit (et tout homme politique le fait) s'expose à ses conséquences spécifiques. Cela vaut à un degré particulièrement fort pour le soldat de la foi, de la foi religieuse comme de la foi révolutionnaire. Choisissons sans crainte notre exemple dans l'époque présente. Quiconque veut instaurer la justice absolue sur terre par la *violence* a besoin de partisans qui constituent son « appareil » humain. Il doit leur faire espérer les récompenses nécessaires, qu'elles soient de nature interne ou externe (une rétribution céleste ou terrestre), faute de quoi cet appareil ne fonctionnerait pas. De nature interne : dans les conditions de la lutte des classes moderne, la satisfaction de la haine et de la soif de vengeance, et surtout celle du ressentiment et du besoin pseudo-éthique d'avoir raison, donc de diffamer les adversaires et de les convaincre d'hérésie. De nature externe : l'aventure, la victoire, le butin, le pouvoir et les prébendes. Le chef est totalement dépendant pour son succès du fonctionnement de cet appareil. Il est par conséquent totalement dépendant des motivations de *ses partisans*, et non de ses motivations propres. Il faut

---

1. *Cf.* Jacob BURCKHARDT, *Civilisation de la Renaissance en Italie*, LGF, Paris, 1986.

donc que les partisans dont il a besoin, gardes rouges[1], espions, agitateurs, puissent être assurés de ces récompenses de façon *durable*. Le résultat effectif de son action, soumise à de telles conditions, ne dépend par conséquent pas de lui mais il lui est prescrit par les motivations éthiques communes et prépondérantes qui déterminent l'action de ses partisans. Et il ne peut tenir ces motivations en bride qu'aussi longtemps qu'une partie au moins de ses compagnons (ce n'est certes jamais et nulle part ne serait-ce que la majorité) est animée par une foi sincère en sa personne et en sa cause. Mais tout d'abord cette foi, même quand elle est subjectivement sincère, est dans une très grande part des cas en vérité seulement la « légitimation » éthique de la soif de vengeance, de pouvoir, de butin et de prébendes : nous ne nous en laisserons pas conter là-dessus, l'interprétation matérialiste de l'histoire, elle aussi, n'est pas un fiacre dans lequel l'on peut monter à sa guise, et elle ne s'arrête pas devant les instigateurs de la révolution ! Et surtout : après les émotions de la révolution vient le temps du *quotidien* traditionaliste[2] ; le héros de la foi disparaît, et surtout la foi elle-même, ou bien, ce qui est encore plus lourd de conséquences, elle devient un élément de la phraséologie conventionnelle des cuistres et des techniciens de la politique. Cette évolution est particulièrement rapide précisément dans le cas des luttes menées au nom d'une foi parce qu'elles sont habituellement conduites ou inspirées par des *chefs* authentiques, les prophètes de la révolution. Car, comme dans tout appareil soumis à un chef, l'inconsistance et la réification[3], bref, la prolétarisation intellectuelle dans l'intérêt

1. « Gardes rouges » : milices ouvrières durant la révolution de février 1917 à Saint-Pétersbourg.
2. Allusion au thème de la « quotidianisation » du charisme, développé ailleurs plus longuement par Max Weber. *Cf. supra*, p. 132, note 1 et *E&S*, p. 253-261 (le terme *Veralltäglichung* est ici traduit par « routinisation »).
3. *Versachlichung* (parfois rendu en français par « objectivation » ou « chosification ») : le thème supporte chez Max Weber toute une analyse de la modernité. *Cf.* Catherine COLLIOT-THÉLÈNE, *Le Désenchantement de l'État*, Minuit, Paris, 1992, p. 169 *et sq.*

de la « discipline » est l'une des conditions du succès. Les partisans d'un soldat de la foi, quand ils accèdent à la domination, dégénèrent de ce fait avec une particulière facilité en une couche de prébendiers tout à fait ordinaires.

Quiconque veut faire de la politique en général, et qui veut se consacrer entièrement à la politique comme profession-vocation, doit être conscient de ces paradoxes éthiques et de la responsabilité qui est sienne au regard de ce qui peut advenir de *lui-même* sous la pression de ces paradoxes. Il se commet, je le répète, avec les puissances diaboliques qui sont à l'affût en toute violence. Les grands virtuoses de l'amour des hommes et de la bonté acosmiques, qu'ils soient de Nazareth, d'Assise ou des châteaux royaux de l'Inde, n'ont pas fait usage du moyen politique de la violence. Leur royaume « n'était pas de ce monde[1] », et pourtant ils agissaient et ils agissent dans ce monde, et les figures de Platon Karatajew[2] et des saints de Dostoïevski en sont toujours encore les représentations les plus adéquates. Celui qui cherche à assurer le salut de son âme et à en sauver d'autres ne le fait pas par la voie de la politique, laquelle a de tout autres tâches, des tâches qui ne peuvent être résolues que par la violence. Le génie, ou le démon, de la politique d'un côté, le Dieu de l'amour, y compris le Dieu chrétien dans son expression ecclésiale de l'autre, cohabitent dans un état de tension intérieure qui peut à tout moment éclater en un conflit irréductible. C'est là quelque chose que les hommes savaient même à l'époque de la domination de l'Église. L'interdit ne cessait de peser sur Florence (et cela signifiait à l'époque pour les hommes et le salut de leurs âmes une puissance bien supérieure à – pour parler avec Fichte[3] – la « froide approbation » du jugement éthique kantien), les citoyens de Florence ne se battaient pas moins contre les États

1. Évangile selon Jean, 18, 36.
2. Platon Karatajew, personnage mineur du roman de Tolstoï, *Guerre et Paix*.
3. J.G. FICHTE, *Das System der Sittenlehre nach den Principien der Wissenschaftslehre in* J.G. FICHTES, *Sämtliche Werke*, hgv. Immanuel Hermann Fichte, Bd 4 (Berlin, Veit & Comp., 1945, p. 167).

de l'Église. Se référant à de semblables situations, Machiavel, dans un joli passage, si je ne me trompe, des *Histoires florentines*, met dans la bouche d'un de ses héros un éloge de ces citoyens pour lesquels la grandeur de leur cité l'emporte sur le salut de leur âme[1]. Si au lieu de cité ou de « patrie » – laquelle n'est peut-être pas à notre époque une valeur évidente pour tout le monde – vous dites : l'« avenir du socialisme », ou encore celui de la « paix internationale », vous avez le problème tel qu'il se présente aujourd'hui. Car tout cela, quand on cherche à l'obtenir par l'action politique, laquelle recourt à des moyens violents et s'appuie sur l'éthique de responsabilité, met en péril le « salut de l'âme ». Si l'on poursuit ces objectifs, dans des luttes menées au nom de la foi, en s'appuyant sur l'éthique de la conviction pure, on peut leur nuire et les discréditer pour des générations, parce que fait défaut la responsabilité pour les *conséquences.* Car alors les forces diaboliques qui sont en jeu restent ignorées de celui qui agit. Elles sont impitoyables et elles induisent, à la suite de son action, des conséquences (y compris pour lui-même intérieurement) auxquelles il est livré sans défense s'il ne les voit pas. « Le diable est vieux », et ce ne sont pas les années, ce n'est pas l'âge auquel il est fait référence dans la proposition : « Vieillis toi-même pour le comprendre[2]. » Je ne m'en suis jamais laissé imposer dans des discussions par la date qui figure sur un acte de naissance. Mais le simple fait que quelqu'un a vingt ans tandis que j'en ai plus de cinquante ne peut finalement pas non plus m'amener à penser qu'il s'agit là d'une performance devant laquelle je devrais me confondre en révérence. Ce n'est pas l'âge qui est en cause, mais toutefois le fait d'avoir appris à regarder en face, sans ménagement, les réalités de la vie, et la capacité à supporter ces réalités et à les affronter sur le plan intérieur.

Il est vrai que la politique se fait avec la tête, mais il est très certain qu'elle ne se fait pas avec la tête *seulement.* Les partisans de l'éthique de la conviction ont tout à fait raison sur ce point.

---

1. *Cf. Histoires florentines*, Livre 3, chap. 7 (MACHIAVEL, *Œuvres complètes*, Gallimard, « Bibliothèque de la Pléiade », 1952, p. 1078).
2. GOETHE, *Faust II*, vers 6817/18.

Quant à savoir si l'on *doit* agir selon l'éthique de la conviction ou selon l'éthique de la responsabilité, et quand l'on doit se régler sur l'une ou l'autre, il est impossible de donner des prescriptions à quiconque à cet égard. Il est une seule chose que l'on puisse dire : si aujourd'hui, en ces temps d'une excitation dont vous ne croyez pas qu'elle soit « stérile » (l'excitation est bien une passion, mais pas toujours une passion authentique), des hommes politiques animés par l'éthique de la conviction se lèvent soudainement en masse, en proclamant : « c'est ce monde qui est stupide et vulgaire, et non moi ; la responsabilité pour les conséquences ne me concerne pas, mais elle incombe aux autres, pour le service desquels je travaille et dont je réduirai à néant la bêtise et la méchanceté », je dis sans détour que je m'interroge tout d'abord sur le degré d'équilibre intérieur qui se cache derrière cette éthique de conviction, et que j'ai l'impression, dans neuf cas sur dix, d'avoir affaire à des fanfarons qui n'ont aucun sentiment réel de ce qu'ils assument, mais qui se grisent de sensations romantiques. Du point de vue humain, cela ne m'intéresse pas beaucoup et cela ne me bouleverse pas le moins du monde. Il est extrêmement bouleversant en revanche d'entendre un homme *mûr*, peu importe qu'il soit jeune ou vieux quant au nombre des années, qui éprouve réellement et de toute son âme cette responsabilité pour les conséquences et qui agit selon l'éthique de la responsabilité, dire à un moment quelconque : « Je ne peux pas faire autrement, je m'arrête ici[1]. » C'est là une attitude authentiquement humaine et elle est émouvante. Car cette situation doit certainement *pouvoir* se présenter un jour ou l'autre pour *chacun* d'entre nous, à supposer que nous ne soyons pas morts intérieurement. Dans cette mesure l'éthique de conviction et l'éthique de la responsabilité ne sont pas des contraires absolus, mais elles se complètent l'une l'autre, et c'est ensemble seulement qu'elles constituent l'homme authentique, celui qui peut avoir la « vocation pour la politique ».

---

1. Luther, *Discours devant le Reichstag à Worms*, avril 1521.

Et maintenant, chers auditeurs, nous reparlerons de ce problème dans *dix ans*. Si alors, comme il me faut malheureusement le craindre pour toute une série de raisons, le temps de la réaction s'est depuis longtemps imposé et que, de toutes les choses que certainement beaucoup parmi vous, et moi-même également, je l'avoue ouvertement, avons souhaité et espéré, il en est peu, peut-être pas absolument rien, mais au moins en apparence peu de choses, qui se soient réalisées (il est très vraisemblable que je ne m'effondrerai pas pour cela, mais c'est pourtant un fardeau intérieur que de le savoir), je souhaiterais bien voir ce que seront « devenus », au sens intime du mot, ceux d'entre vous qui ont l'impression aujourd'hui d'être d'authentiques hommes politiques « de conviction » et qui participent à la griserie que représente cette révolution. Il serait beau que vaille alors ce qu'écrit Shakespeare dans le sonnet 102[1] :

> Our love was new, and then but in the spring,
> When I was wont to greet it with my lays ;
> As Philomel in summer's front doth sing,
> And stops her pipe in rowth of riper days

Mais il n'en va pas ainsi. Ce n'est pas la floraison de l'été qui nous attend, mais tout d'abord une nuit polaire, d'une obscurité et d'une dureté glaciales, quel que soit le groupe qui l'emporte extérieurement aujourd'hui. Car là où il n'y a rien, non seulement l'empereur perd ses droits, mais le prolétaire également. Quand cette nuit pâlira lentement, qui donc vivra encore parmi ceux dont le printemps a fleuri aujourd'hui de façon apparemment si luxuriante ? Et que sera-t-il advenu

---

1. Weber cite ce passage dans la traduction de Stefan George (Stefan GEORGE, *Shakespeare, Sonnette. Umdichtung*, Gerg Bondi, Berlin, 1909, p. 108). On peut se référer à la traduction française de Jean ROUSSELOT, *Les Sonnets de Shakespeare*, Seghers, Paris, 1969, p. 125 : « Notre amour n'en était encor qu'à son printemps/Quand coutume j'avais de la dire en mes chants ;/ Philomèle ainsi chante au début de l'été/Mais, par les plus longs jours, son pipeau va quitter. »

intérieurement de vous tous ? L'amertume ou la médiocrité, la simple acceptation apathique du monde et de sa profession, ou encore, troisième possibilité qui n'est pas la plus rare : la fuite mystique hors du monde pour ceux qui en ont le don, ou bien – c'est fréquent et malsain – qui s'imposent ces tourments parce que c'est la mode ? Dans tous ces cas, j'en tirerai la conséquence : ils n'ont *pas* été à la hauteur de leur propre action, ils n'ont *pas* même été à la hauteur du monde tel qu'il est réellement, et de son quotidien. La vocation pour la politique, qu'ils s'imaginaient avoir en eux, ils ne l'ont pas eue objectivement et effectivement au sens le plus intime. Ils auraient mieux fait de veiller simplement à la fraternité des relations d'homme à homme et, pour le reste, de s'occuper de façon purement objective de leur travail quotidien.

La politique consiste à creuser avec force et lenteur des planches dures, elle exige à la fois la passion et le coup d'œil. Il est tout à fait exact, et toute l'expérience historique le confirme, que l'on n'aurait jamais atteint le possible si l'on n'avait toujours et sans cesse dans le monde visé l'impossible[1]. Mais pour pouvoir le faire, il faut être un chef, et non seulement un chef, mais aussi un héros, dans un sens très ordinaire du terme. Et même ceux qui ne sont ni l'un ni l'autre doivent s'armer de ce courage qui permet de supporter même l'échec de toutes les espérances, dès maintenant, faute de quoi ils ne seront pas en état de réaliser ne serait-ce que ce qui est aujourd'hui possible. Seul celui qui est certain de ne pas s'effondrer si le monde, considéré de son point de vue, est trop stupide ou trop vulgaire pour ce qu'il veut lui offrir, celui qui est capable de dire, face à tout cela : « quand même ! », seul un tel homme a la « vocation » de la politique.

---

1. Sur cette dimension « utopique » de la pensée politique wébérienne, *cf.* également « Essai sur le sens de la "neutralité axiologique" », *in ETS*, p. 437 : « À condition de l'entendre comme il faut, il est tout à fait pertinent de définir la politique efficace comme l'"art du possible". Mais il est non moins juste que très souvent on n'a pu atteindre le possible que parce qu'on a chaque fois tenté d'aller au-delà pour réaliser l'impossible. »

Table des matières

Remerciements 5

Note bibliographique 7

Préface 9

I . . . .

La posture prophétique 12

L'éloge de la passion 17

De quelques choix de traduction 21

II . . . .

La spécialisation obligée 26

Une déontologie de l'enseignant 29

Le monopole de la violence physique légitime 34

Le nationalisme wébérien 41

Éthique de la conviction et éthique de la responsabilité / éthique du pouvoir et honneur du fonctionnaire 49

La profession et la vocation de savant 61

Note éditoriale 63

La profession et la vocation de politique 111

Note éditoriale 113

Dans la même collection

La Découverte/Poche

Sciences humaines et sociales

Louis Althusser, *Pour Marx.*

Jean-Loup Amselle et Elikia M'Bokolo, *Au cœur de l'ethnie.*

Benedict Anderson, *L'imaginaire national.*

Paul Bairoch, *Mythes et paradoxes de l'histoire économique.*

Étienne Balibar, *L'Europe, l'Amérique, la guerre.*

Étienne Balibar et Immanuel Wallerstein, *Race, nation, classe.*

Stéphane Beaud, *80 % au bac... et après ?*

Jean-Jacques Becker et Gilles Candar, *Histoire des gauches en France* (2 volumes).

Miguel Benasayag, *La fragilité.*

— *Le mythe de l'individu.*

Miguel Benasayag et Gérard Schmit, *Les passions tristes.*

Yves Benot, *La démence coloniale sous Napoléon.*

— *Massacres coloniaux, 1944-1950.*

— *La Révolution française et la fin des colonies.*

Bernadette Bensaude-Vincent et Isabelle Stengers, *Histoire de la chimie.*

Pascal Blanchard *et al.*, *Zoos humains.*

Judith Butler, *Trouble dans le genre.*

Alain Caillé, *Anthropologie du don.*

François Chast, *Histoire contemporaine des médicaments.*

Jean-Michel Chaumont, *La concurrence des victimes.*

Yves Clot, *Le travail sans l'homme ?*

Serge Cordellier (dir.), *La mondialisation au-delà des mythes.*

Georges Corm, *L'Europe et l'Orient.*

François Cusset, *French Theory.*

Muriel Darmon, *Devenir anorexique.*

Mike Davis, *City of Quartz. Los Angeles, capitale du futur.*

— *Génocides tropicaux.*

— *Le pire des mondes possibles.*

Alain Desrosières, *La politique des grands nombres.*

François Dosse, *L'histoire en miettes.*

— *Michel de Certeau.*

— *L'empire du sens.*

— *Paul Ricœur.*

Mary Douglas, *Comment pensent les institutions.*

— *De la souillure.*

W. E. B. Du Bois, *Les âmes du peuple noir.*

Florence Dupont, *L'invention de la littérature.*

Jean-Pierre Dupuy, *Aux origines des sciences cognitives.*

Didier Fassin et Eric Fassin (dir.), *De la question sociale à la question raciale ?*

Abdou Filali-Ansary, *Réformer l'islam ?*

Moses I. Finley, *Économie et société en Grèce ancienne.*

Patrice Flichy, *Une histoire de la communication moderne.*

François Frontisi-Ducroux, *Dédale.*

Yvon Garlan, *Guerre et économie en Grèce ancienne.*

Peter Garnsey et Richard Saller, *L'Empire romain.*

Jacques T. Godbout, *L'esprit du don.*

Olivier Godechot, *Les traders*

Nilüfer Göle, *Musulmanes et modernes*

Jack Goody, *L'islam en Europe.*

— *La peur des représentations.*

Maurizio Gribaudi et Michèle Riot-Sarcey, *1848, la révolution oubliée.*

Anne Grynberg, *Les camps de la honte.*

Ian Hacking, *Entre science et réalité.*

Françoise Hatchuel, *Savoir, apprendre, transmettre.*

Axel Honneth, *La société du mépris.*

Pascale Jamoulle, *Des hommes sur le fil.*

Nicolas Jounin, *Chantier interdit au public.*

Jacques Kergoat, *La France du Front populaire.*

Will Kymlicka, *Les théories de la justice. Une introduction.*

Camille Lacoste-Dujardin, *Des mères contre les femmes.*

Yves Lacoste, *Ibn Khaldoun.*

Bernard Lahire (dir.), *À quoi sert la sociologie ?*

Bernard Lahire, *La culture des individus.*

— *L'esprit sociologique.*

— *L'invention de l'« illettrisme ».*

— (dir.), *Le travail sociologique de Pierre Bourdieu.*

Bruno Latour, *Changer de société, refaire de la sociologie.*

— *L'espoir de Pandore.*

— *La fabrique du droit.*

— *La science en action.*

— *Nous n'avons jamais été modernes*

— *Pasteur : guerre et paix des microbes.*

— *Petites leçons de sociologie des sciences.*

— *Politiques de la nature.*

Bruno Latour et Steve Woolgar, *La vie de laboratoire.*

Bernard Lehmann, *L'orchestre dans tous ses éclats.*

Prosper-Olivier Lissagaray, *Histoire de la Commune de 1871.*

Geoffrey E.R. Lloyd, *Pour en finir avec les mentalités.*

Georg Lukacs, *Balzac et le réalisme français.*

Lamence Madzou et Marie-Hélène Bacqué, *J'étais un chef de gang.*

Armand Mattelart, *La communication-monde : histoire des idées et des stratégies.*

— *Histoire de l'utopie planétaire.*

— *L'invention de la communication.*

John Stuart Mill, *La nature.*

Arno Mayer, *La « solution finale » dans l'histoire.*

Gérard Mendel, *La psychanalyse revisitée.*

Michel Morange, *Histoire de la biologie moléculaire.*

Mouvements, *Pensées critiques.*

Annick Ohayon, *Psychologie et psychanalyse en France.*

François Ost, *La nature hors la loi.*

Dominique Paulot, *Une histoire des musées de France.*

John Rawls, *La justice comme équité.*

John Rawls, *Leçons sur l'histoire de la philosophie morale.*

Élisée Reclus, *L'homme et la Terre.*

Roselyne Rey, *Histoire de la douleur.*

Annie Rey-Goldzeiguer, *Aux origines de la guerre d'Algérie.*

Maxime Rodinson, *La fascination de l'islam.*

— *Peuple juif ou problème juif ?*

Richard E. Rubenstein, *Le jour où Jésus devint Dieu.*

Fernand Rude, *Les révoltes des canuts (1831-1834).*

André Sellier, *Histoire du camp de Dora.*

Jean-Charles Sournia, *Histoire de la médecine.*

Isabelle Stengers, *Cosmopolitiques* (2 tomes).

Timothy Tackett, *Le roi s'enfuit.*

Michel Terestchenko, *Un si fragile vernis d'humanité.*

Sylvie Thénault, *Une drôle de justice.*

Francisco Varela, *Quel savoir pour l'éthique ?*

— *Les fondements philosophiques du libéralisme.*

Jean-Pierre Vernant, *Mythe et pensée chez les Grecs.*

— *Mythe et société en Grèce ancienne.*

Jean-Pierre Vernant, Pierre Vidal-Naquet, *Mythe et tragédie en Grèce ancienne* (2 tomes).

Pierre Vidal-Naquet, *Le chasseur noir.*

Michel Vovelle, *Les Jacobins.*

Loïc Wacquant, *Parias urbains.*

Immanuel Wallerstein, *Comprendre le monde.*

Max Weber, *Économie et société dans l'Antiquité.*

— *Le savant et le politique.*

William Foote Whyte, *Street Corner Society.*

John Womack, *Emiliano Zapata.*

Charles Wright Mills, *L'imagination sociologique.*

État du monde

L'État du monde en 1945.

États-Unis, peuple et culture.

Rochdy Alili, *Qu'est-ce que l'islam ?*

Bertrand Badie (dir.), *Qui a peur du XXIe siècle ?*

Serge Cordellier (dir.), *Dictionnaire historique et géopolitique du XXe siècle.*

Georges Corm, *Histoire du Moyen-Orient.*

Marc Ferro et Marie-Hélène Mandrillon (dir.), *Russie, peuples et civilisations.*

Anne-Marie Le Gloannec (dir.), *Allemagne, peuple et culture.*

Pierre Gentelle (dir.), *Chine, peuples et civilisation.*

Camille et Yves Lacoste (dir.), *Maghreb, peuples et civilisations.*

Jean-François Sabouret (dir.), *Japon, peuple et civilisation.*

François Sirel, Serge Cordellier et *al.* *Chronologie du monde au 20e siècle.*

CPI
Bussière

Composition Compo Sud,
la Magdelaine-sur-Tarn.
Impression réalisée par CPI Bussière
à Saint-Amand-Montrond (Cher)
Dépôt légal du 1er tirage : octobre 2003.
Suite du 1er tirage (5) : septembre 2009.
N° d'impression : 092510/1.
Imprimé en France